LANGENSCHEIDTS
KURZGRAMMATIK
ITALIENISCH

VON

DR. HERMANN WILLERS

LANGENSCHEIDT

BERLIN · MÜNCHEN · WIEN · ZÜRICH · NEW YORK

Abkürzungen

et.	etwas
f	weiblich
f/pl.	weibliche Mehrzahl
j-m	jemandem
j-n	jemanden
lat.	lateinisch
m	männlich
m/pl.	männliche Mehrzahl
qc.	qualche cosa *etwas*
qu.	qualcuno *jemand*
$<$	entstanden oder zusammengesetzt aus
$>$	verwandelt in, verschmolzen zu

Auflage: 19. 18. 17. 16. 15. | *Letzte Zahlen*
Jahr: 1995 94 93 92 91 | *maßgeblich*

© *1970 by Langenscheidt KG, Berlin und München*
Druck: Druckhaus Langenscheidt, Berlin-Schöneberg
Printed in Germany | ISBN 3-468-35180-1

Inhaltsverzeichnis

Die grammatischen Fachausdrücke und ihre Verdeutschung

Adjektiv = Eigenschaftswort: das braune Kleid
Adverb = Umstandswort: er singt laut
Akkusativ = 4. Fall, Wenfall: Er pflückt den Apfel für seinen Bruder
Aktiv = Tätigkeitsform: Der Mann schlägt den Hund
Artikel = Geschlechtswort: der, die, das, ein, eine, ein
Dativ = 3. Fall, Wemfall: Die Frau kommt aus dem Garten
Deklination = Beugung des Hauptwortes
Demonstrativpronomen = hinweisendes Fürwort: dieser, jener
Futur = Zukunft(sform): Ich werde fragen
Genitiv = 2. Fall, Wesfall: Sie berauben mich meines Geldes
Imperativ = Befehlsform: geh(e)!
Imperfekt = Vergangenheit(sform): ich ging
Indikativ = Wirklichkeitsform: Er geht nicht sofort
Infinitiv = Nennform, Grundform: backen, biegen
Interrogativpronomen = Fragefürwort: wer, wessen, wem, wen
intransitiv(es Verb) = ohne Ergänzung im Akkusativ: Der Hund bellt
Konditional = Bedingungsform: Wenn schönes Wetter wäre, würden wir ausgehen
Konjugation = Beugung des Zeitwortes
Konjunktiv = Möglichkeitsform: Frau Schmidt dachte, ihr Mann sei im Büro
Nominativ = 1. Fall: Der Mann kauft ein Buch
Objekt = Satzergänzung: Der Mann schlägt den Hund
Partizip = Mittelwort: gebacken
Passiv = Leideform: Der Hund wird von dem Mann geschlagen
Personalpronomen = persönliches Fürwort: er, sie, wir
Plural = Mehrzahl: Kirschen
Positiv = Grundstufe: schön, schöner ...
Possessivpronomen = besitzanzeigendes Fürwort: mein, dein, euer
Prädikat = Satzaussage: Die Frau bäckt einen Kuchen
Präsens = Gegenwart: ich gehe
Pronomen = Fürwort: er, sie, es
reflexiv = rückbezüglich: er wäscht sich
Relativpronomen = bezügliches Fürwort: Wo ist das Buch, das ich gekauft habe?
Singular = Einzahl: Tisch
Subjekt = Satzgegenstand: Das Kind spielt mit der Katze
Substantiv = Hauptwort: der Tisch
transitiv(es Verb) = mit Ergänzung im Akkusativ: Ich begrüße einen Freund
Verb(um) = Zeitwort: gehen, kommen

I. Der Artikel (Geschlechtswort)

1. Der bestimmte Artikel

männlich (*m*)	
Singular	*Plural*
il libro *das Buch*	**i** libri
lo { scolaro *der Schüler* / zio *der Onkel*	**gli** { scolari / zii
l' àlbero *der Baum*	**gli** àlberi

weiblich (*f*)	
Singular	*Plural*
la pàgina *die Seite*	**le** pàgine
l' ora *die Stunde*	**le** ore

Bemerkungen:

Der **männliche** bestimmte Artikel hat im Singular drei, im Plural zwei Formen. Maßgebend für die richtige Wahl ist der Anlaut des auf den Artikel *unmittelbar* folgenden Substantivs. Man merke sich:

Vor mit **einfachem** Konsonanten beginnendem Substantiv lautet der männliche bestimmte Artikel im Singular **il**, im Plural **i** (il libro — i libri), vor mit **s** + Konsonant oder **z** beginnenden Substantiven **lo** bzw. **gli** (lo scolaro — gli scolari, lo zio — gli zii) und vor vokalisch anlautendem Substantiv **l'** bzw. **gli** (l'àlbero — gli àlberi).

Der **weibliche** bestimmte Artikel hat im Singular zwei Formen, im Plural eine. Man merke sich:

Vor **konsonantisch** anlautendem Substantiv lautet der weibliche bestimmte Artikel im Singular **la**, im Plural **le** (la pàgina — le pàgine, la scuola *die Schule* — le scuole), vor **vokalisch** anlautendem Substantiv **l'** bzw. **le** (l'ora — le ore).

2. Der unbestimmte Artikel

männlich	weiblich
un ⎰ libro ⎱ àlbero uno ⎰ scolaro ⎱ zio	**una** pàgina **un'** ora

Bemerkungen:

Der **männliche** unbestimmte Artikel lautet vor mit **einfachem** Konsonanten oder Vokal beginnenden Substantiven **un**, vor mit s + Konsonant oder z beginnenden Substantiven **uno** (**un** libro, **un** anno *ein Jahr* — aber: **uno** scopo *ein Zweck*, **uno** zio).

Der **weibliche** unbestimmte Artikel lautet vor **konsonantisch** anlautendem Substantiv **una**, vor **vokalisch** anlautendem Substantiv **un'** (**una** lingua *eine Sprache* — aber: **un'**attività *eine Tätigkeit*).

3. Der Teilungsartikel

Singular	Plural
del (< di + il) pane *Brot* **dello** (< di + lo) zùcchero *Zucker* **dell'** (< di + l') aceto *Essig* **della** (< di + la) carne *Fleisch* **dell'** (< di + l') insalata *Salat*	**dei** (< di + i) pomodori *Tomaten* **degli** (< di + gli) spinaci *Spinat* **delle** (< di + le) mele *Äpfel*

Bemerkungen:

1. Um eine unbestimmte Menge als Teil einer größeren Menge zu bezeichnen, verwendet man zuweilen den Teilungsartikel, der eine Verbindung der Präposition di mit dem bestimmten Artikel darstellt: compriamo della carne *wir kaufen* (von dem) *Fleisch* (da), d. h. also einen begrenzten Teil davon.

2. Der Teilungsartikel wird **nicht** verwendet,

a) sobald der Begriff einer unbestimmten Menge in den Hintergrund tritt, d. h. mehr von den Gegenständen, dem Stoff usw. im allgemeinen die Rede ist: vorrei mangiare carne, non pesce *ich möchte Fleisch essen, nicht Fisch*;

6

b) bei abstrakten Begriffen: ho paura *ich habe Angst*;

c) in Aufzählungen: in un cassetto ho trovato lèttere, francobolli e fotografìe *in einer Schublade habe ich Briefe, Briefmarken und Photos gefunden*;

d) in fragenden und verneinten Sätzen: avete francobolli? *habt ihr Briefmarken?*; non ho più pane *ich habe kein Brot mehr*;

e) nach Präpositionen: senza denaro *ohne Geld*.

3. Vom Teilungsartikel ist nur bedingt Gebrauch zu machen. Er spielt im Italienischen bei weitem nicht die bedeutende Rolle wie im Französischen.

4. Gebrauch des bestimmten Artikels

Der bestimmte Artikel **fehlt** im Italienischen

a) bei den Namen von Städten ohne nähere Bestimmung (Bologna, Firenze; aber: la dotta Bologna *das gelehrte Bologna*, la bella Firenze *das schöne Florenz*)*;

b) bei den Namen der Monate ohne nähere Bestimmung (è nato in maggio *er ist im Mai geboren*; aber: nel bel maggio *im schönen Mai*);

c) bei den Namen der Wochentage, sofern nicht an eine regelmäßige Wiederkehr gedacht ist (è arrivata giovedì *sie ist am Donnerstag angekommen*; aber: viene a trovarci sempre il [od. al] giovedì *sie besucht uns immer donnerstags*);

d) vor den Ordnungszahlen bei Namen von Regenten (Vittorio Emanuele III [terzo] *Viktor Emanuel III. [der Dritte]*);

e) vor santo, -a *heilig* mit nachfolgendem Eigennamen (Santa Marìa *die heilige Maria*);

f) in verschiedenen Redensarten, z. B. a condizione *unter der Bedingung*, avanti cena *vor dem Abendessen*, dopo pranzo *nach dem Mittagessen*, sotto pretesto *unter dem Vorwand*, andare a scuola (in chiesa, in automòbile) *in die Schule gehen* (*in die Kirche gehen, Auto fahren*), pèrdere di vista *aus den Augen verlieren*.

Der bestimmte Artikel **steht** im Italienischen

a) vor den Namen von Erdteilen, Ländern, Provinzen und Inseln (l'Europa *Europa*, l'Italia *Italien*, il Piemonte *Piemont*, la Sicilia *Sizilien*)**;

b) vor den Namen von Bergen, Gebirgen, Flüssen, Seen und Meeren (il Monte Bianco *der Montblanc*, le Alpi *die Alpen*, l'Àdige *die Etsch*, il Garda *der Gardasee*, il Bàltico *die Ostsee*);

---

* Mit Artikel werden gebraucht: l'Aia *Den Haag*, l'Àquila, l'Avana *Havanna*, il Cairo *Kairo*, la Mecca *Mekka*, la Spezia.

** Treten die Präpositionen di oder in vor die Namen von Erdteilen, Ländern, Provinzen oder Inseln, so wird der bestimmte Artikel **nicht** gebraucht: in Europa *in Europa*, i frutti d'Italia *die Früchte Italiens*, vini di Piemonte *Weine aus Piemont*, in Sicilia *auf Sizilien*.

c) vor Familiennamen meist klassischer italienischer Künstler, mit Ausnahme der Komponisten (una pittura del Buonarroti *ein Gemälde Buonarrotis*, un'òpera dell'Alighieri *ein Werk Alighieris*)*;

d) vor signor(e), signora mit nachfolgendem Eigennamen, mit Ausnahme der Anrede (il signor Martini è arrivato *Herr Martini ist eingetroffen*);

e) nach avere bei Angabe körperlicher Eigenschaften (ha gli occhi neri *er hat schwarze Augen*);

f) vor den besitzanzeigenden Fürwörtern (s. S. 49);

g) in verschiedenen Redensarten, z. B. èssere il benvenuto *willkommen sein*, dare del tu (del Lei) *zu jemandem du (Sie) sagen*, imparare l'italiano *Italienisch lernen*, sapere il tedesco *Deutsch können*, giocare alle carte *Karten spielen*, la settimana scorsa *vorige Woche*, l'anno pròssimo *nächstes Jahr*.

II. Das Substantiv (Hauptwort)

1. Geschlecht und Pluralbildung

Das Geschlecht der Substantive läßt sich im allgemeinen an der Endung erkennen.

Männlich sind fast alle Substantive auf **-o** (Plural **-i**):

il pòpolo *das Volk* — i pòpoli

Weiblich sind fast alle Substantive auf **-a** (Plural **-e**):

la lingua *die Sprache* — le lingue

Männlich oder weiblich — je nach ihrer Herkunft — sind die Substantive auf **-e** (Plural **-i**):

il paese *das Land* — i paesi
la parete *die Wand* — le pareti

Substantive auf **-a**, die **männliche** Lebewesen bezeichnen, sind überwiegend **männlich** und bilden den Plural auf **-i**:

il poeta *der Dichter* — i poeti
il turista *der Tourist* — i turisti

---

* Ist der Familienname jedoch von dem Taufnamen begleitet oder steht der Taufname allein, so entfällt der Artikel: una pittura di Michelàngelo Buonarroti, un'òpera di Dante Alighieri; una pittura di Raffaello, un'òpera di Dante.

2. Besonderheiten der Pluralbildung (I)

1. Um die Aussprache der Gaumenlaute c und g beizubehalten, schieben Substantive, deren Stamm auf c oder g auslautet, vor den Endungen -i bzw. -e ein h ein: bosco *Wald* — boschi, castigo *Strafe* — castighi; bocca *Mund* — bocche, collega *Kollegin* — colleghe.

Ausnahmen: amico *Freund* — amici, nemico *Feind* — nemici, greco *Grieche* — greci, porco *Schwein* — porci.

2. Substantive, die auf **-co** bzw. **-go** enden und auf der **drittletzten** Silbe betont sind, schieben vor der Endung -i **kein** h ein: mèdico *Arzt* — mèdici, sìndaco *Bürgermeister* — sìndaci; filòlogo *Philologe* — filòlogi, aspàrago *Spargel* — aspàragi.
Substantive dagegen, die auf **-ca** enden und auf der **drittletzten** Silbe betont sind, schieben zur Erhaltung des Gaumenlautes ein h ein: mànica *Ärmel* — maniche.

3. Auf unbetontes -io endende Substantive haben im Plural nur **ein** i: specchio *Spiegel* — specchi, occhio *Auge* — occhi, arancio *Orangenbaum* — aranci. Liegt die Betonung dagegen auf dem i, so bleibt dieses erhalten. zio *Onkel* — zii.

4. Substantive, die auf -cia bzw. -gia enden, erhalten das i nur, wenn es betont ist: farmacìa *Apotheke* — farmacìe, bugìa *Lüge* — bugìe. Ist es dagegen unbetont, also nur ein phonetisches Zeichen, so entzieht sich die Verwendung des i einer festen Regel und muß bei jedem einzelnen Wort anhand von Wörterbüchern geprüft werden.

3. Besonderheiten der Pluralbildung (II)

1. Die **gleiche Endung** in Singular und Plural haben:

a) alle einsilbigen Substantive und Adjektive: il re *der König* — i re, il gru *der Kranich, der Kran* — i gru; blu *blau* — blu.

b) alle endbetonten Substantive: la città *die Stadt* — le città, il sofà *das Sofa* — i sofà, il caffè *der Kaffee* — i caffè, il gilè *die Weste* — i gilè, il tassì *das Taxi* — i tassì;

c) Substantive auf -i: la crisi *die Krise* — le crisi, il brìndisi *der Trinkspruch* — i brìndisi;

d) Substantive auf -ie: la specie *die Art* — le specie, la serie *die Reihe* — le serie; **Ausnahme:** la moglie *die Ehefrau* — le mogli;

e) Substantive auf auslautenden Konsonanten: il film *der Film* — i film, il tram *die Straßenbahn* — i tram, il camion *der Lastkraftwagen* — i camion, il gas *das Gas* — i gas;

9

f) abgekürzte Substantive: l'auto *der Kraftwagen* — le auto, la moto *das Motorrad* — le moto, la foto *das Foto* — le foto; die entsprechenden vollständigen Substantive weisen dagegen die regelmäßige Pluralbildung auf: l'automòbile — le automòbili, la motocicletta — le motociclette, la fotografia — le fotografie;

g) Einzelwörter: il boia *der Scharfrichter* — i boia, il boa *die Riesenschlange* — i boa, il vaglia *die Postanweisung* — i vaglia, il soprano *der Sopran* — i soprano.

2. **Wechsel des Geschlechts** beim Übergang vom Singular zum Plural liegt vor in Bezeichnungen von Körperteilen wie

il braccio	*der Arm*	— le braccia
il ciglio	*die Wimper*	— le ciglia
il dito	*der Finger*	— le dita
il ginocchio	*das Knie*	— le ginocchia
il labbro	*die Lippe*	— le labbra
il membro	*das Glied*	— le membra
l'osso	*der Knochen*	— le ossa

sowie in Einzelwörtern wie

il miglio	*die Meile*	— le miglia
il paio	*das Paar*	— le paia
l'uovo	*das Ei*	— le uova

3. **Wechsel des Geschlechts** und **Bedeutungswandel** liegen vor in

il fondamento *die Grundlage* — i (primi) fondamenti *die Anfangs-
                                gründe*
                              le fondamenta *die Grundmauern*

il frutto   *die Frucht*   — i frutti *die Früchte* (bildlich, z. B.
                                der Arbeit)
                              la frutta *das Obst* (*daneben korrekter,
                              aber weniger üblich:* le frutta)

il muro   *die Mauer*   — i muri *die Mauern*
                              le mura *die Stadtmauern*

4. **Merke besonders:**

il bue	*der Ochse*	— i buoi
il dio	*der Gott*	— gli dei
l'uomo	*der Mensch*	— gli uòmini
la mano	*die Hand*	— le mani
la gente	*die Leute*	⎰ der Form nach Singular, der Bedeutung
la roba	*die Sachen*	⎱ nach Plural

10

4. Die Deklination des Substantivs

Im Gegensatz zum Deutschen, das eine Beugung des Hauptwortes in den vier Fällen kennt, ist dem Italienischen der Begriff „Deklination" wesensfremd. **Nominativ** und **Akkusativ** sind der Form nach gleich und sind lediglich in ihrer Stellung innerhalb des Satzes zu erkennen: Der **Nominativ** steht *vor*, der **Akkusativ** *hinter* dem Verb. Der **Genitiv** wird durch Vorsetzen der Präposition **di** *von*, der **Dativ** durch Vorsetzen der Präposition **a** *zu* gebildet, wobei folgende Verschmelzungen mit dem bestimmten Artikel eintreten:

	il	lo	l'	la	l'	i	gli	le
di	del	dello	dell'	della	dell'	dei	degli	delle
a	al	allo	all'	alla	all'	ai	agli	alle

a) ohne Artikel

Nominativ	Giovanni
Genitiv	**di** Giovanni
Dativ	**a** Giovanni
Akkusativ	Giovanni

b) mit dem unbestimmten Artikel

männlich

Nominativ	un libro (àlbero)	uno scolaro (zio)
Genitiv	**di** un libro	**di** uno scolaro
Dativ	**a** un libro	**a** uno scolaro
Akkusativ	un libro	uno scolaro

weiblich

Nominativ	una pàgina	un'ora
Genitiv	**di** una pàgina	**di** un'ora
Dativ	**a** una pàgina	**a** un'ora
Akkusativ	una pàgina	un'ora

c) mit dem bestimmten Artikel

männlich, Singular

Nominativ	il libro	lo scolaro (zio)	l' àlbero
Genitiv	del libro	dello scolaro	dell' àlbero
Dativ	al libro	allo scolaro	all' àlbero
Akkusativ	il libro	lo scolaro	l' àlbero

Nominativ	i libri	gli scolari (zii)	gli àlberi
Genitiv	dei libri	degli scolari	degli àlberi
Dativ	ai libri	agli scolari	agli àlberi
Akkusativ	i libri	gli scolari	gli àlberi

weiblich, Singular

Nominativ	la pàgina	l' ora
Genitiv	della pàgina	dell' ora
Dativ	alla pàgina	all' ora
Akkusativ	la pàgina	l' ora

weiblich, Plural

Nominativ	le pàgine	le ore
Genitiv	delle pàgine	delle ore
Dativ	alle pàgine	alle ore
Akkusativ	le pàgine	le ore

**Verschmelzung der Präpositionen da, in und su
mit dem bestimmten Artikel**

Ähnlich den Präpositionen di und a gehen auch die Präpositionen da *bei, von, mit,* in *in, nach* und su *auf* mit dem bestimmten Artikel folgende Verbindungen ein:

	il	lo	l'	la	l'	i	gli	le
da	dal	dallo	dall'	dalla	dall'	dai	dagli	dalle
in	nel	nello	nell'	nella	nell'	nei	negli	nelle
su	sul	sullo	sull'	sulla	sull'	sui	sugli	sulle

Gelegentlich finden sich auch Verschmelzungen der Präposition **con** *mit* mit den Formen des bestimmten Artikels: col, collo, coll', colla, coll', coi, cogli, colle. Vorgezogen werden jedoch im allgemeinen die unverbundenen Formen con il, con lo usw.

5. Bedeutungswandel durch Silbenanhängung

Die Möglichkeit, durch Anhängung gewisser Silben den Sinn eines Wortes zu verändern, verleiht der italienischen Sprache eine reiche Ausdrucksfähigkeit. Diese sog. Suffixe (Nachsilben) werden sowohl an Substantive wie auch an Adjektive angehängt und zuweilen auch zur Abwandlung von Verben gebraucht (cantare *singen* — canterellare *trällern,* dormire *schlafen* — dormicchiare *schlummern,* mangiare *essen* — mangiucchiare *naschen,* rubare *stehlen* — rubacchiare *wegstibitzen*).

Mit Hilfe bestimmter Nachsilben können ausgedrückt werden:

a) **Verkleinerung** (mit dem Nebenbegriff des Zärtlichen, Niedlichen)

-ino: un ragazzo *ein Junge* — un ragazz**ino** *ein niedlicher kleiner Junge*
-ina: una ragazza *ein Mädchen* — una ragazz**ina** *ein nettes kleines Mädchen*
-etto: un giardino *ein Garten* — un giardin**etto** *ein hübsches Gärtchen*
-etta: una casa *ein Haus* — una cas**etta** *ein nettes Häuschen*
-ello: un àsino *ein Esel* — un asin**ello** *ein hübscher kleiner Esel*

b) **Vergrößerung** (mit dem Nebenbegriff des Groben, Unförmigen)

-one: un libro *ein Buch* — un libr**one** *ein dickes Buch, ein Wälzer*
   un ragazzo *ein Junge* — un ragazz**one** *ein großer, kräftiger Junge*
-otto: un gióvane *ein Jugendlicher* — un giovan**otto** *ein kräftiger junger Mann, ein junger Bursche*

c) **Geringschätzung, Verachtung**

-accio: un libro *ein Buch* — un libr**accio** *ein übles Buch, ein Schmöker*
-accia: una parola *ein Wort* — una parol**accia** *ein Schimpfwort*
-uccio: un canto *eine Ecke* — un cant**uccio** *ein dunkler Winkel*
-uccia: una casa *ein Haus* — una cas**uccia** *ein ärmliches Häuschen*
-astro: un mèdico *ein Arzt* — un medic**astro** *ein Kurpfuscher*

Zuweilen werden auch z w e i Silben an e i n Wort angehängt:

un pezzo *ein Stück* — un pezz**etto** — un pezz**ettino** *ein Stückchen*
un fiore *eine Blume* — un fior**ello** — un fior**ellino** *ein Blümchen*

Vielfach sind durch Anhängung derartiger Silben neue feste Begriffe entstanden:

un libro *ein Buch* — un libr**etto** *ein Operntext*
un ombrello *ein Regenschirm* — un ombr**ellino** *ein Sonnenschirm*
   — un ombr**ellone** *ein Gartenschirm*

Weibliche Hauptwörter, die die Vergrößerungssilbe -one annehmen, wechseln das grammatische Geschlecht und werden männlich:

una donna *eine Frau* — un donn**one** *ein Mannweib*
una porta *eine Tür* — un port**one** *ein Haustor*
una scarpa *ein Schuh* — uno scarp**one** *ein Bergschuh*

Angesichts der Vielfalt der in der italienischen Sprache vorkommenden Nachsilben kann nicht dringend genug empfohlen werden, nur solche zu verwenden, die allgemein bekannt und üblich sind. Man hüte sich vor allem davor, beliebige Wortkombinationen zu gebrauchen, über deren veränderte Bedeutung man sich nicht im klaren ist bzw. die im praktischen Sprachgebrauch nicht vorkommen.

III. Das Adjektiv (Eigenschaftswort)

1. Geschlecht und Pluralbildung

Entsprechend ihrer lateinischen Herkunft unterscheidet man im Italienischen Adjektive, die für das **männliche** Geschlecht die Endungen -o, Plural -i, für das **weibliche** Geschlecht die Endungen -a, Plural -e haben, und Adjektive, die für **beide** Geschlechter die **gleiche** Form aufweisen: Singular -e, Plural -i:

	Singular	*Plural*
m	completo *vollständig*	completi
f	completa	complete
m + *f*	seguente *folgend*	seguenti

2. Besonderheiten der Pluralbildung

1. Um die Aussprache der Gaumenlaute c und g beizubehalten, schieben Adjektive, deren Stamm auf c oder g auslautet, vor den Pluralendungen -i bzw. -e ein h ein: fresco *frisch* — freschi, fresca — fresche; lungo *lang* — lunghi, lunga — lunghe.

2. Adjektive, die auf -co (männliche Form!) enden und auf der drittletzten Silbe betont sind, schieben vor der Pluralendung -i **kein** h ein: magnìfico *herrlich* — magnìfici; tècnico *technisch* — tècnici. Die weiblichen Formen dagegen schieben im Plural zur Erhaltung des Gaumenlautes ein h ein: magnìfica — magnìfiche, tècnica — tècniche.

3. Auf unbetontes -io endende Adjektive haben im Plural nur **ein** i: necessario *nötig* — necessari; *aber:* pio *fromm* — pii.

4. Bei den auf unbetontes -cio, -cia endenden Adjektiven ist das i nur ein phonetisches Zeichen. Es fällt daher in den Pluralendungen weg: fràdicio *naß, faul* — fràdici, fràdicia — fràdice.

3. Verkürzte Formen

Das Adjektiv **buono** *gut* wird vor männlichen Substantiven zu **buon** verkürzt (ausgenommen solche, die mit s + Konsonant oder z anlauten): il buon libro *das gute Buch*, aber: il buono scolaro *der gute Schüler*, il buono zio *der gute Onkel*.

Die Adjektive **grande** *groß* und **santo** *heilig* werden vor Substantiven im Singular bzw. vor männlichen Eigennamen, sofern diese nicht mit Vokal, s + Konsonant oder z beginnen, zu **gran** und **san** verkürzt: di gran valore *von großem Wert*, San Francesco (*aber:* un grande albergo *ein großes Hotel*, un grande scaffale *ein großes Regal*, un grande zaino *ein großer Tornister*; Sant'Antonio, Santo Stéfano).

4. Übereinstimmung mit dem Substantiv

Das Adjektiv richtet sich in Geschlecht und Zahl nach dem Substantiv, auf das es sich bezieht. Dies gilt sowohl für die attributive Stellung des Adjektivs (a) wie auch für die prädikative Stellung (b):

a) il palazzo splèndido *der prächtige Palast* — i palazzi splèndidi
   la chiesa splèndida *die prächtige Kirche* — le chiese splèndide

b) il palazzo è splèndido *der Palast ist prächtig* — i palazzi sono splèndidi
   la chiesa è splèndida *die Kirche ist prächtig* — le chiese sono splèndide

Spricht eine **weibliche Person** in der **ich-Form,** so gilt diese Regel auch für die **Adjektive auf -o:** sono stanca *ich bin müde.*

5. Die Stellung des Adjektivs

Maßgebend für die Stellung des Adjektivs ist häufig der Wohlklang. So werden drei- und mehrsilbige Adjektive meist nachgesetzt. Im übrigen kommt in der Stellung des Adjektivs die subjektive Einstellung des Sprechenden zum Ausdruck.

1. **Vor** dem Substantiv stehen Adjektive, die eine dem Substantiv **innewohnende Eigenschaft** bezeichnen und daher oft rein ausschmückend gebraucht werden, sowie Adjektive, die in **übertragener Bedeutung** gebraucht werden:

   la càndida neve *der weiße Schnee*
   la pàllida luna *der bleiche Mond*
   un pòvero ragazzo *ein armer* (= *bedauernswerter*) *Junge*
   un caro amico *ein teurer* (= *lieber*) *Freund*

2. **Nach** dem Substantiv dagegen stehen Adjektive, die ein **unterscheidendes** Merkmal bezeichnen, auf denen somit ein **besonderer Nachdruck** liegt:

   un cittadino italiano *ein italienischer Staatsbürger* (staatliche Zugehörigkeit)
   una cravatta rossa *eine rote Krawatte* (Farbe)
   un tàvolo ovale *ein ovaler Tisch* (Form)
   uno spettàcolo molto interessante *ein sehr interessantes Schauspiel* (durch Zusatz näher bestimmtes Adjektiv)

3. Einige Adjektive ändern je nach ihrer Stellung ihre Bedeutung. Werden sie in ihrer **Grundbedeutung** gebraucht, so treten sie **hinter** das Substantiv; werden sie dagegen in **übertragener Bedeutung** gebraucht, treten sie **vor** das Substantiv:

un apparecchio **caro**
ein teurer (= kostspieliger)
Apparat

un **caro** amico
ein teurer (= lieber) Freund

una notizia **certa**
eine sichere Nachricht

una **certa** signora Bianchi
eine gewisse Frau Bianchi

un frutto **dolce**
eine süße Frucht

un **dolce** ricordo
eine liebe Erinnerung

un uomo **grande**
ein körperlich großer Mann

un **grand'**uomo
ein geistig bedeutender Mann

un cappello **nuovo**
ein zum ersten Mal getragener Hut

un **nuovo** cappello
ein sich von anderen unterscheidender Hut

una donna **pòvera**
eine arme (= mittellose) Frau

una **pòvera** donna
eine arme (= bedauernswerte) Frau

acqua **pura**
reines (= klares) Wasser

pura acqua
nur Wasser

una domanda **sémplice**
eine einfache (= unkomplizierte) Frage

una **sémplice** domanda
nur eine Frage

una donna **sola**
eine alleinstehende Frau

una **sola** donna
eine einzige Frau

6. Steigerung der Adjektive

Positiv	Komparativ	relativer Superlativ	absoluter Superlativ
bello	più bello	il più bello	bellìssimo molto bello
schön bella	*schöner* più bella	*der schönste* la più bella	*sehr schön* bellìssima molto bella

Bemerkungen:

1. Der höhere *(Komparativ)* bzw. der höchste *(relativer Superlativ)* Grad einer Eigenschaft wird durch Vorsetzen von **più** (< lat. plus) bzw. **il (la) più** vor die Grundstufe *(Positiv)* des Adjektivs gebildet.

2. Der *relative* Superlativ wird durch Vorsetzen von più mit dem bestimmten Artikel vor das Adjektiv gebildet: questo è il più bel libro *dies ist das schönste Buch.*

Tritt der relative Superlativ hinter das Substantiv, so darf der Artikel nicht wiederholt werden: il libro più bello *das schönste Buch*, la città più importante *die bedeutendste Stadt.*

3. Der *absolute* Superlativ wird durch Anhängen der Endung -issimo an den Stamm des Adjektivs gebildet: bell|o — bell|issimo, bell|a — bell|issi-

ma; felic|e — felic|issimo *glücklich* — *sehr glücklich*; ùtil|e — util|issimo *nützlich* — *sehr nützlich.* Geht der Stamm auf einen Gaumenlaut (c oder g) aus, so ist, um diesen zu erhalten, ein -h- einzuschieben: antico — antichìssimo *alt* — *sehr alt,* largo — larghìssimo *breit* — *sehr breit.**

Der absolute Superlativ kann auch durch Vorsetzen des Adverbs molto *sehr* vor das Adjektiv (molto bello, molto ùtile, molto largo), durch Vorsilben wie stra-, sopra- u. a. (straricco *steinreich*, sopraffino *ganz fein*) sowie durch Wiederholung des gleichen Adjektivs (ricco ricco, fino fino) oder Beifügung eines sinnverwandten Adjektivs (pieno zeppo *vollgepfropft*) gebildet werden.

„Als" beim Komparativ wird ausgedrückt durch:

1. **di,** wenn **zwei Substantive** in bezug auf **ein Adjektiv** miteinander verglichen werden (Torino è più grande di Siena *Turin ist größer als Siena*);

2. **che,** wenn **zwei Adjektive** in bezug auf **ein Substantiv** (Carlo è più ricco che intelligente *Karl ist mehr reich als klug*), ferner wenn **zwei Substantive, zwei Verben, zwei Adjektive** oder **zwei Adverbien** miteinander verglichen werden (all'ùltimo ballo c'èrano più signore che signori *auf dem letzten Ball waren mehr Damen als Herren,* dire è più fàcile che fare *Reden ist leichter als Tun,* la lettura di questa rivista è più istruttiva che divertente *die Lektüre dieser Zeitschrift ist mehr lehrreich als unterhaltend,* meglio oggi che domani *besser heute als morgen*).

Die Gleichheit derselben Eigenschaft bei zwei Personen oder Gegenständen wird durch **così ... come** (giugno era così caldo come luglio *der Juni war ebenso heiß wie der Juli*) oder **durch tanto ... quanto** (Giovanni è tanto simpàtico quanto intelligente *Giovanni ist ebenso sympathisch wie klug*) ausgedrückt. Hierbei ist zu beachten, daß die Vergleichspartikeln *così ... come* meistens beim Vergleich zwischen zwei *Substantiven,* die Vergleichspartikeln *tanto ... quanto* dagegen vorwiegend beim Vergleich zwischen zwei *Adjektiven* gebraucht werden. Die ersten Bestandteile (così bzw. tanto) fallen häufig weg, so daß die obenerwähnten Beispielsätze auch wie folgt lauten können: giugno era caldo come luglio, Giovanni è simpàtico quanto intelligente.

Die Adjektive **buono** *gut,* **cattivo** *schlecht,* **grande** *groß,* **piccolo** *klein,* **alto** *hoch* und **basso** *niedrig* haben neben den normalen Steigerungsformen (più buono, più cattivo usw.) folgende vom Lateinischen abgeleitete Formen:

---

* Die Adjektive acre *sauer,* cèlebre *berühmt,* ìntegro *makellos,* rein, mìsero *elend,* salubre *gesund* hängen die Endung -èrrimo an: acèrrimo, celebèrrimo, integèrrimo, misèrrimo, salubèrrimo.

	Komparativ	relativer Superlativ	absoluter Superlativ
buono	migliore *besser*	il migliore *der beste*	òttimo *sehr gut*
cattivo	peggiore *schlechter*	il peggiore *der schlechteste*	pèssimo *sehr schlecht*
grande	maggiore *größer, bedeutender, älter*	il maggiore *der größte usw.*	màssimo *sehr groß*
pìccolo	minore *kleiner, geringer, jünger*	il minore *der kleinste usw.*	mìnimo *sehr klein*
alto	superiore *höher, besser*	il superiore *der höchste usw.*	supremo, sommo *sehr hoch*
basso	inferiore *niedriger, schlechter*	l'inferiore *der niedrigste usw.*	ìnfimo *sehr niedrig*

Bemerkungen:

1. Die Adjektive **buono** und **cattivo** werden, wenn sie in ihrer Grundbedeutung gebraucht werden, also eine sittliche Eigenschaft bezeichnen, regelmäßig gesteigert (Guido è più buono [cattivo] di suo fratello *Guido ist besser [schlechter] als sein Bruder*), in den übrigen Fällen dagegen unregelmäßig (questo vino è migliore [peggiore] di quello *dieser Wein ist besser [schlechter] als jener*).

2. Die Adjektive **grande, pìccolo, alto** und **basso** werden, wenn sie in ihrer Grundbedeutung (räumlich groß, klein usw.) gebraucht werden, regelmäßig gesteigert (questa torre è più alta di quella *dieser Turm ist höher als jener*), in übertragener Bedeutung dagegen unregelmäßig (questo vino è di suprema qualità *dieser Wein ist von höchster Qualität*).

IV. Das Adverb (Umstandswort)

1. Bildung des Adverbs

Die Adverbien dienen zur näheren Bestimmung eines Verbs, eines Adjektivs oder eines anderen Adverbs. Sie gliedern sich in ursprüngliche Adverbien (z. B. des Ortes: dove *wo*[*hin*], su *oben*, giù *unten*, der Zeit: ora *jetzt*, sempre *immer*, oggi *heute*, der Art und Weise: bene *gut*, male *schlecht*, presto *schnell* usw.) und in abgeleitete Adverbien, die gebildet werden, indem an die weibliche Form des Adjektivs die Endung **-mente** angehängt wird:

tranquillo *ruhig* — tranquilla — tranquill**amente**

Endet das Adjektiv auf -e, so wird nur die Endung -mente angehängt (intelligente *klug* — intelligent**emente**), endet es dagegen auf -le oder -re, so wird die Endung -mente unter Ausstoßung des Endungs-e angehängt (ge-

18

nerale *allgemein* — general**mente**, particolare *besondere*[r] — particolar-
mente). Als *unregelmäßige* Adverbformen sind **bene** (zu buono *gut*) und
male (zu cattivo *schlecht*) besonders zu merken.

2. Steigerung

Die **Steigerung** des Adverbs erfolgt nach den gleichen Regeln wie diejenige
des Adjektivs:

vivamente	**più** vivamente	viv**ìssimamente**
lebendig	*lebendiger*	*sehr lebendig*

Unregelmäßige Steigerungsformen haben:

bene —	meglio —	il meglio —	ottimamente (*od.* benìssimo)
gut	*besser*	*am besten*	*sehr gut*
male —	peggio —	il peggio —	pessimamente (malìssimo)
schlecht	*schlechter*	*am schlech-*	*sehr schlecht*
		testen	
molto —	più —	moltìssimo	
viel	*mehr*	*sehr viel*	
poco —	meno —	pochìssimo	
wenig	*weniger*	*sehr wenig*	

3. Gebrauch

Was den **Gebrauch** des Adverbs betrifft, so bezieht es sich, wie schon sein
Name sagt (Adverb < *lat.* ad verbum zum Verb [gehörig]), in den meisten
Fällen auf ein Verb: ci saluta cordialmente *er begrüßt uns herzlich* (wie
begrüßt er uns? Herzlich). Soll jedoch nicht die Art und Weise des Ge-
schehens, d. h. also das Verb, sondern der Zustand oder die Beschaffenheit
des Subjekts des Satzes näher erläutert werden, so wird statt eines Adverbs
ein prädikatives Adjektiv gebraucht: i genitori ritornàrono felici *die Eltern
kehrten glücklich heim* (d. h. sie waren glücklich, als sie heimkehrten).
Bei einer Anzahl von Verben wird in bestimmten Verbindungen das Ad-
jektiv als neutrales Objekt in adverbialem Sinn gebraucht: parlare forte
(piano) *laut* (*leise*) *sprechen*, cantare falso *falsch singen*, comprare (vèndere)
caro *teuer kaufen* (*verkaufen*), contare giusto *richtig zählen*, dire chiaro e
tondo *klipp und klar sagen*, guardare fisso *anstarren*, tenere alto *hochhalten,
in Ehren halten*, tenere fermo *festhalten*, volare alto (basso) *hoch* (*niedrig*)
fliegen u. a.
Einige Adjektive wie molto *viel*, poco *wenig*, troppo *zuviel* werden in ihrer
männlichen Form auch als Adverbien gebraucht: il film ci piace molto
(poco) *der Film gefällt uns sehr* (*wenig*).
Häufig wird die Bildung eines Adverbs mit Hilfe der Endung -mente ver-
mieden. Statt pazientemente *geduldig* sagt man auch con pazienza, statt
recentemente *kürzlich*, certamente *sicher*, nuovamente *wieder*: di recente,
di certo, di nuovo usw.

V. Das Verb (Zeitwort)

1. Präsens und Partizip des Perfekts von avere *haben* und èssere *sein*

(io)	**ho**	*ich habe*	(noi)	**abbiamo**	*wir haben*
(tu)	**hai**	*du hast*	(voi)	**avete**	*ihr habt*
(lui)	**ha**	*er hat*	(loro)	**hanno**	*sie haben (m)*
(lei)	**ha**	*sie hat*	(loro)	**hanno**	*sie haben (f)*
(Lei)	**ha**	*Sie haben*	(Loro)	**hanno**	*Sie haben*

avuto *gehabt*

(io)	**sono**	*ich bin*	(noi)	**siamo**	*wir sind*
(tu)	**sei**	*du bist*	(voi)	**siete**	*ihr seid*
(lui)	**è**	*er ist*	(loro)	**sono**	*sie sind (m)*
(lei)	**è**	*sie ist*	(loro)	**sono**	*sie sind (f)*
(Lei)	**è**	*Sie sind*	(Loro)	**sono**	*Sie sind*

(io)	sono stato, **-a**	(noi)	siamo stati, **-e**
	ich bin gewesen		*wir sind gewesen*
(tu)	sei stato, **-a**	(voi)	siete stati, **-e**
(lui)	è stato	(loro)	sono stati
(lei)	è stata	(loro)	sone state
(Lei)	è stato, **-a**	(Loro)	sono stati, **-e**

Die eingeklammerten persönlichen Fürwörter (io, tu usw.) werden nur gesetzt, wenn sie betont sind: anche **lui** è italiano *auch* **er** *ist Italiener.* In der 3. Person können daneben die unbetonten persönlichen Fürwörter egli, esso *er,* ella, essa *sie,* Plural essi, esse gebraucht werden: egli è a Venezia *er ist in Venedig* (der Ton liegt auf „Venedig"); esse (*f/pl.*) sono a Roma *sie sind in Rom* (der Ton liegt auf „Rom").

2. Präsens und Partizip des Perfekts der regelmäßigen Verben auf -are, -ere, -ire

-are	-ere	-ire	
comprare	vèndere	servire	finire
kaufen	*verkaufen*	*(be)dienen*	*beenden*
compro	vendo	servo	finisco
ich kaufe	*ich verkaufe*	*ich (be)diene*	*ich beende*
compri	vendi	servi	finisci
compra	vende	serve	finisce
compriamo	vendiamo	serviamo	finiamo
comprate	vendete	servite	finite
còmprano	vèndono	sèrvono	finìscono
comprato	venduto	servito	finito
gekauft	*verkauft*	*bedient*	*beendet*

Bemerkungen:

1. Entsprechend der Endung ihres Infinitivs unterscheidet das Italienische drei Konjugationen:

> die **a**-Klasse: comp**rare**
> die **e**-Klasse: vènd**ere**
> die **i**-Klasse: serv**ire** *bzw.* fin**ire**

2. Die Konjugation der Verben erfolgt durch Anhängen bestimmter Endungen (in der Tabelle durch Fettdruck gekennzeichnet) an den Stamm des jeweiligen Verbs. Die persönlichen Fürwörter (io, tu usw.) können hierbei im allgemeinen weggelassen werden, da aus der Endung des Verbs die Person ersichtlich ist. Man kann deshalb sagen: parla italiano *er spricht Italienisch* und lui parla italiano, wenn besonderer Nachdruck auf lui *er* (im Gegensatz zu lei *sie*) gelegt wird.

3. Einige Verben auf **-are** (z. B. dimenticare *vergessen*, desiderare *wünschen*, ordinare *bestellen*, visitare *besuchen*) haben in den stammbetonten Formen des Präsens Singular die Betonung auf der **dritt**letzten, in der 3. Person Plural auf der **viert**letzten Silbe: desìdero, desìderi, desìdera, desìderano.
Verben auf **-are**, deren Stamm auf c oder g auslautet, schieben vor den Endungen -i bzw. -iamo zur Erhaltung der Gaumenlaute ein **h** ein: pago *ich bezahle*, paghi, paga, paghiamo, pagate, pàgano. Dagegen fällt ein unbetontes **i** im Stammauslaut vor den Endungen -i bzw. -iamo aus: mangio *ich esse*, mangi, mangia, mangiamo, mangiate, màngiano.

4. Das Italienische unterscheidet zwei Arten von Verben auf **-ere**: solche mit **Stamm**betonung (vèndere) und solche mit **Endungs**betonung (potére *können*). Die Konjugation ist in beiden Fällen die gleiche.

5. Die meisten Verben auf **-ire** schieben in den stammbetonten Formen des Präsens (1., 2. und 3. Person Singular und 3. Person Plural) die Silbe **-isc-** zwischen Stamm und Endung ein: capire *verstehen*, capisco, capisci, capisce, capiamo, capite, capìscono.

Ohne Stammerweiterung (also unregelmäßig) werden u. a. konjugiert: applaudire *Beifall klatschen*, aprire *öffnen*, coprire *bedecken*, cucire *nähen*, dormire *schlafen*, fuggire *fliehen*, offrire *anbieten*, partire *abreisen*, seguire *folgen*, sentire *hören, fühlen*, servire *(be)dienen*, soffrire *ertragen, erleiden* und vestire *kleiden, anziehen*.

3. Präsens der reflexiven Verben

lavarsi	
mi lavo *ich wasche mich*	**ci** laviamo
ti lavi	**vi** lavate
si lava	**si** làvano

1. Als Reflexivpronomen werden die unbetonten Formen der persönlichen Fürwörter **mi, ti, si, ci, vi, si** (s. S. 44) verwendet. Sie stehen in der Regel **vor** dem Verb (ci rallegriamo *wir freuen uns*), werden jedoch (s. Fußnote S. 45) unter Ausstoßung des -e an den Infinitiv (alzarsi *aufstehen*), an das Gerundium (s. S. 27) sowie an bestimmte Formen des Imperativs (s. S. 35) angehängt.

Wird ein reflexives Verb zusammen mit einem Modalverb (dovere *müssen*, potere *können*, volere *wollen*) gebraucht, so können die Formen des Reflexivpronomens entweder vor dem Modalverb stehen (ci dobbiamo scusare *wir müssen uns entschuldigen*) oder an die Infinitivform des Hauptverbs angehängt werden (dobbiamo scusarci).

2. Einige Verben werden im Italienischen reflexiv gebraucht, im Deutschen dagegen nicht: accomodarsi *Platz nehmen*, accòrgersi di *wahrnehmen, bemerken*, addormentarsi *einschlafen*, alzarsi *aufstehen*, chiamarsi *heißen*, fermarsi *stehenbleiben*, levarsi *aufstehen*, pentirsi di *bereuen*, svegliarsi *aufwachen* u. a.

4. Imperfekt der regelmäßigen Verben auf -are, -ere, -ire

-are	-ere	-ire	
comprare	vèndere	servire	finire
compravo	vendevo	servivo	finivo
ich kaufte	*ich verkaufte*	*ich (be)diente*	*ich beendete*
compravi	vendevi	servivi	finivi
comprava	vendeva	serviva	finiva
compravamo	vendevamo	servivamo	finivamo
compravate	vendevate	servivate	finivate
compràvano	vendévano	servìvano	finìvano

Bemerkungen:

1. Das Imperfekt wird jeweils aus dem vollen Stamm des Infinitivs gebildet: dire (< dìcere) — dicevo, fare (< fàcere) — facevo, porre (< pónere) — ponevo.

2. Es ist besonders darauf zu achten, daß in der dritten Person Plural die **Betonung** in den Imperfektformen stets auf der **dritt**letzten Silbe liegt: desideràvano *sie wünschten*, vedévano *sie sahen*, venìvano *sie kamen*.

3. Die Formen des Imperfekts von **avere** und **èssere** lauten:

avevo *ich hatte*	avevamo
avevi	avevate
aveva	avévano

ero *ich war*	eravamo
eri	eravate
era	èrano

4. Über den **Gebrauch** des Imperfekts s. S. 24.

5. Historisches Perfekt der regelmäßigen Verben auf -are, -ere, -ire

a) *Bildung*

-are	-ere	-ire	
comprare	vèndere	servire	finire
comprai	vendei (vendetti)	servii	finii
ich kaufte	*ich verkaufte*	*ich (be)diente*	*ich beendete*
comprasti	vendesti	servisti	finisti
comprò	vendé (vendette)	servì	finì
comprammo	vendemmo	servimmo	finimmo
compraste	vendeste	serviste	finiste
compràrono	vendérono (vendèttero)	servìrono	finìrono

Bemerkungen:

1. Bei Verben mit verkürzter Infinitivform (dire, fare, porre) werden die stets **regelmäßigen** Formen der zweiten Person Singular und der ersten und zweiten Person Plural aus dem vollen Stamm des Infinitivs gebildet: *dire* — dicesti, dicemmo, diceste; *fare* — facesti, facemmo, faceste; *porre* — ponesti, ponemmo, poneste.

2. Die unregelmäßige Bildung betrifft stets nur die erste und die dritte Person Singular sowie die dritte Person Plural: *dire* — dissi, disse, dissero; *fare* — feci, fece, fécero; *porre* — posi, pose, pósero.

Dies gilt auch für alle übrigen unregelmäßigen Verben, wie aus nachstehender Übersicht hervorgeht:

vedere	venire	volere
vidi *ich sah*	**venni** *ich kam*	**volli** *ich wollte*
vedesti	venisti	volesti
vide	**venne**	**volle**
vedemmo	venimmo	volemmo
vedeste	veniste	voleste
videro	**vènnero**	**vòllero**

3. Wie beim Imperfekt liegt auch beim historischen Perfekt die **Betonung** in der dritten Person Plural stets auf der **dritt**letzten Silbe: parlàrono *sie sprachen*, potérono *sie konnten*, dormìrono *sie schliefen*.

4. Die Formen des historischen Perfekts von **avere** und **èssere** lauten:

ebbi *ich hatte, ich bekam*	avemmo
avesti	aveste
ebbe	**èbbero**

fui *ich war, ich wurde*	fummo
fosti	foste
fu	**fùrono**

23

b) *Gebrauch*

Das **Imperfekt** bezeichnet die Dauer einer Handlung sowie wiederholte, zur Gewohnheit oder Sitte gewordene Zustände. Es antwortet auf die Frage „*was war?*":

> era sempre senza soldi *er war immer ohne Geld*
> quando ero gióvane, giocavo al calcio tutte le doméniche *als ich jung war, spielte ich jeden Sonntag Fußball*
> se faceva bel tempo, facevo ogni mattina una gita *wenn das Wetter schön war, machte ich jeden Morgen einen Spaziergang*

Das **historische Perfekt** dient zur Bezeichnung einer (meist seit langem) in der Vergangenheit abgeschlossenen Handlung sowie neueintretender bzw. aufeinanderfolgender Handlungen. Es antwortet auf die Frage „*was geschah?*":

> Goethe morì nel 1832 *Goethe starb 1832*
> entrai nella trattorìa, cercai un tàvolo lìbero e ordinai il pranzo a prezzo fisso *ich ging in das Restaurant, suchte einen freien Tisch und bestellte das Diner*

Unterbricht eine Handlung eine andere, so steht die unterbrechende Handlung im historischen Perfekt („was geschah?"), die unterbrochene dagegen im Imperfekt („was war?"): mentre io mangiavo, arrivò Umberto *während ich aß, kam Umberto*.

6. 1. Futur der regelmäßigen Verben auf -are, -ere, -ire

-are	-ere	-ire	
comprare	vèndere	servire	finire
comprerò *ich werde kaufen*	venderò *ich werde verkaufen*	servirò *ich werde (be-) dienen*	finirò *ich werde beenden*
comprerai	venderai	servirai	finirai
comprerà	venderà	servirà	finirà
compreremo	venderemo	serviremo	finiremo
comprerete	venderete	servirete	finirete
compreranno	venderanno	serviranno	finiranno

Bemerkungen:

1. Das 1. Futur wird gebildet, indem an den um das Endungs-e verkürzten Infinitiv die Endungen **-ò, -ai, -à, -emo, -ete, -anno** angehängt werden. Sie entsprechen (mit Ausnahme der 1. Person Plural) den Formen des Präsens von avere: (h)o, (h)ai, (h)a, (av)ete, (h)anno. Demnach ist z. B. die Form finirò aus finire + ho (= ich habe zu beenden) entstanden.

In der ersten Konjugationsklasse (auf -are) ist darauf zu achten, daß das **a** der Infinitivendung zu **e** geschwächt wird: parlare *sprechen* — parlerò.

24

2. Auf -are endende Verben, deren Stamm auf **c** oder **g** ausgeht, schieben vor folgendem e ein -h- ein, um den Gaumenlaut zu erhalten: dimenticare *vergessen* — dimenticherò, pagare *zahlen* — pagherò.

3. Auf **-ciare, -sciare** und **-giare** endende Verben, bei denen das -i- als reines Aussprachezeichen keinen eigenen Lautwert besitzt, stoßen dieses -i- vor folgendem e aus: lanciare *schleudern* — lancerò, lasciare *lassen* — lascerò, mangiare *essen* — mangerò.

4. Die Verben auf **-ere** mit Endungsbetonung (z. B. avere) stoßen außer dem Endungs-e auch das e der Infinitivendung aus: avere — avrò, vedere *sehen* — vedrò, potere *können* — potrò u. a., ausgenommen, wenn der Stamm auf -c- oder -m- ausgeht: piacere *gefallen* — piacerò, temere *fürchten* — temerò.

5. Unregelmäßige Bildungen des Futurs sind:

andrò *ich werde gehen* zu andare,
berrò *ich werde trinken* zu bere,
sarò *ich werde sein* zu èssere,
rimarrò *ich werde bleiben* zu rimanere,
terrò *ich werde halten* zu tenere,
varrò *ich werde gelten* zu valere,
verrò *ich werde kommen* zu venire,
vorrò *ich werde wollen* zu volere.

6. Das 1. Futur wird gebraucht, um

a) einen in der Zukunft liegenden Vorgang oder Zustand zu bezeichnen: domani partiremo *morgen werden wir abreisen*;

b) eine unsichere Behauptung oder einen Zweifel auszudrücken: avrà venti anni *er wird (mag) 20 Jahre alt sein*, saranno le ùndici *es wird (mag) 11 Uhr sein*;

c) einen Befehl auszudrücken: Lei pagherà sùbito *Sie werden sofort bezahlen.*

7. 1. Konditional der regelmäßigen Verben auf -are, -ere, -ire

-are	-ere	-ire	
comprare	vèndere	servire	finire
comprerei *ich würde kaufen*	venderei *ich würde verkaufen*	servirei *ich würde (be-) dienen*	finirei *ich würde beenden*
compreresti	venderesti	serviresti	finiresti
comprerebbe	venderebbe	servirebbe	finirebbe
compreremmo	venderemmo	serviremmo	finiremmo
comprereste	vendereste	servireste	finireste
comprerèbbero	venderèbbero	servirèbbero	finirèbbero

1. Der 1. Konditional wird gebildet, indem an den um das Endungs-e verkürzten Infinitiv die Endungen **-ei, -esti, -ebbe, -emmo, -este, -èbbero** angehängt werden. In der ersten Konjugationsklasse wird dabei — wie beim 1. Futur — das **a** der Infinitivendung zu **e** geschwächt: parlare — parl*e*rei.
Im übrigen gelten die beim 1. Futur unter 2 bis 5 aufgeführten Regeln (s. S. 25) auch für den 1. Konditional:

(2)   dimenticherei — pagherei;

(3)   lancerei — lascerei — mangerei;

(4)   avrei — vedrei — potrei, aber: piacerei — temerei;

(5)   andrei — berrei — sarei usw.

2. Der 1. Konditional wird gebraucht,

a) im Hauptsatz, wenn der Nebensatz — dessen Verb wie im Deutschen im Konjunktiv steht — eine Bedingung enthält: farei un bel viaggio, se avessi soldi *ich würde eine schöne Reise machen, wenn ich Geld hätte*;

b) um eine Frage oder Aussage in ihrem Ton zu mildern: sapresti tradurre questa lèttera? *könntest du diesen Brief übersetzen?*; vorrei prima conferire con l'avvocato *ich möchte zunächst mit dem Anwalt sprechen*.

8. Das Gerundium

-are	-ere	-ire	
comp**rare**	vènd**ere**	ser**vire**	fi**nire**
comp**rando** *kaufend*	vend**endo** *verkaufend*	serv**endo** *(be)dienend*	fin**endo** *beendend*

1. Das Gerundium ist unveränderlich. Gebildet wird es durch Anhängen der Endungen -ando bzw. -endo an den *vollen* Stamm des Verbs: dire (< dìcere) — dicendo, fare (< fàcere) — facendo, porre (< pónere) — ponendo.

2. Das Gerundium vertritt die Stelle eines deutschen Nebensatzes, der mit Konjunktionen wie „indem, da, weil, wenn, als, während" eingeleitet wird, oder eines (mittels „und") beigeordneten Satzes, sofern beide Sätze das-

26

selbe Subjekt haben. Es bringt die enge Zusammengehörigkeit oder die Gleichzeitigkeit beider Handlungen zum Ausdruck: così dicendo si ritirò *indem er so sprach, entfernte er sich*; essendo pòvera non può andare in viaggio *da sie arm ist, kann sie nicht verreisen*; partendo la mattina presto, arriveremo in tempo *wenn wir morgens früh aufbrechen, werden wir rechtzeitig ankommen*; rimaniamo a casa ascoltando la radio *wir bleiben zu Hause und hören Radio*.

3. Ist jedoch das Subjekt des Nebensatzes nicht zugleich auch Subjekt des Hauptsatzes, so muß es ausgedrückt und dem Gerundium nachgestellt werden: essèndosi ammalata l'attrice principale, la rappresentazione è stata rimandata *da die Hauptdarstellerin erkrankte, ist die Aufführung verschoben worden*; essendo lei ritornata, lui sarà contento *da sie zurückgekehrt ist, wird er zufrieden sein*. In diesen Fällen ist es jedoch vorzuziehen, anstelle der Gerundialkonstruktion einen mit einer entsprechenden Konjunktion einzuleitenden Nebensatz zu verwenden: poiché lei è ritornata, lui sarà contento.

4. In Verbindung mit den Verben **andare** bzw. **stare** bezeichnet das Gerundium eine Handlung, die sich im Stadium des allmählichen Fortschreitens oder Werdens befindet bzw. die gerade vor sich geht: i sovrani andàvano allargando le loro competenze *die Herrscher dehnten ihre Machtbefugnisse immer weiter aus*; che cosa sta facendo? *Sto leggendo il giornale was machen Sie gerade? Ich lese gerade die Zeitung.*

5. Wie wir anläßlich der Stellung der unbetonten persönlichen Fürwörter beim Verb erwähnen (s. Fußnote S. 45), werden diese an das Gerundium angehängt: vedèndolo lo saluti da parte mia *wenn Sie ihn sehen, grüßen Sie ihn von mir.*

6. Mit dem Gerundium nicht zu verwechseln ist das **Partizip des Präsens**, das in den meisten Fällen adjektivische Bedeutung angenommen hat: andante (*zu* andare) *geläufig*, brillante (*zu* brillare) *glänzend*, dolente (*zu* dolere) *leidend, betrübt*, scintillante (*zu* scintillare) *funkelnd*.

9. Das Perfekt und das Plusquamperfekt

Perfekt		
ho comprato ich **habe** gekauft hai comprato ha comprato		abbiamo comprato avete comprato hanno comprato
sono arrivato, -a ich **bin** ange- sei arrivato, -a kommen è arrivato, -a		siamo arrivati, -e siete arrivati, -e sono arrivati, -e

Plusquamperfekt		
avevo comprato avevi comprato avevà comprato	ich **hatte** gekauft	avevamo comprato avevate comprato avévano comprato
ero arrivato, -a eri arrivato, -a era arrivato, -a	ich **war** ange-kommen	eravamo arrivati, -e eravate arrivati, -e èrano arrivati, -e

Bemerkungen:

1. Die Bildung des Perfekts und des Plusquamperfekts erfolgt im Italienischen meistens* mit der im Deutschen entsprechenden Form des Hilfsverbs avere bzw. èssere und dem Partizip des Perfekts. Dieses bleibt in Verbindung mit **avere** unverändert (hanno [avévano] venduto la casa *sie haben [hatten] das Haus verkauft*), in Verbindung mit **èssere** dagegen richtet es sich in Geschlecht und Zahl nach dem Subjekt des Satzes (le signore sono [èrano] partite *die Damen sind [waren] abgereist*).

2. Ausnahmslos mit **avere** werden im Italienischen alle sog. **transitiven** Verben verbunden, d. h. Verben mit direktem Objekt: abbiamo (avevamo) salito le scale *wir sind (waren) die Treppen hinaufgestiegen*; il governo ha (aveva) aumentato i prezzi *die Regierung hat (hatte) die Preise erhöht*. Mit **èssere** dagegen stehen durchweg die **intransitiven** Verben, d. h. Verben ohne direktes Objekt: siamo (eravamo) saliti *wir sind (waren) hinaufgestiegen*; i prezzi sono (èrano) aumentati *die Preise sind (waren) gestiegen*.

3. **Das Perfekt** dient zur Bezeichnung von Handlungen, die zwar in der Vergangenheit abgeschlossen sind, mit der Gegenwart jedoch noch in gewisser Weise in Beziehung stehen: mio padre è arrivato ieri *mein Vater ist gestern angekommen* (und infolgedessen heute hier); questo mese abbiamo comprato cinque libri *in diesem Monat haben wir fünf Bücher gekauft* (die infolgedessen in unserem Besitz sind); si sono rifugiati all'èstero *sie sind ins Ausland geflüchtet* (und sind noch dort).

4. **Das Plusquamperfekt** dient zur Bezeichnung von Handlungen, die bereits abgeschlossen waren, als andere, ebenfalls vergangene Geschehnisse eintraten: avevo già mangiato, quando suonò il teléfono *ich hatte bereits gegessen, als das Telefon läutete*; avevo finito di scrivergli, quando lui venne da me *ich hatte ihm gerade geschrieben, als er zu mir kam*; eravamo appena arrivati, quando scoppiò la guerra *wir waren kaum angekommen, als der Krieg ausbrach*.

---

* Über die wichtigsten Abweichungen vom deutschen Sprachgebrauch s S. 30-31.

10. Das zweite Futur und der zweite Konditional

2. Futur		
avrò comprato ich **werde** gekauft **haben**	avremo comprato	
avrai comprato	avrete comprato	
avrà comprato	avranno comprato	
sarò arrivato, -a ich **werde** angekommen **sein**	saremo arrivati, -e	
sarai arrivato, -a	sarete arrivati, -e	
sarà arrivato, -a	saranno arrivati, -e	

2. Konditional		
avrei comprato ich **würde** gekauft **haben**	avremmo comprato	
avresti comprato	avreste comprato	
avrebbe comprato	avrèbbero comprato	
sarei arrivato, -a ich **würde** angekommen **sein**	saremmo arrivati, -e	
saresti arrivato, -a	sareste arrivati, -e	
sarebbe arrivato, -a	sarèbbero arrivati, -e	

Bemerkungen:

1. Die Bildung des zweiten Futurs und des zweiten Konditionals erfolgt mit den Formen des ersten Futurs bzw. des ersten Konditionals des Hilfsverbs avere bzw. èssere und dem Partizip des Perfekts, das in Verbindung mit avere unverändert bleibt, in Verbindung mit èssere dagegen in Geschlecht und Zahl nach dem Subjekt des Satzes auszurichten ist: avranno (avrèbbero) venduto la casa *sie werden (würden) das Haus verkauft haben*; le signore saranno (sarèbbero) arrivate *die Damen werden (würden) angekommen sein*.

2. **Das zweite Futur** dient zur Bezeichnung von Handlungen, die vor anderen (auch zukünftigen) eintreten werden: appena avrò parlato con mio padre, Le darò una risposta *sobald ich mit meinem Vater gesprochen habe* (eigentlich: *gesprochen haben werde*), *werde ich Ihnen eine Antwort geben*; partiremo quando avremo mangiato *wir werden abreisen, sobald wir gegessen haben* (*werden*). Man beachte, daß das zweite Futur im Italienischen viel häufiger gebraucht wird als im Deutschen, das das Perfekt bevorzugt.

3. **Der zweite Konditional** wird im Deutschen meistens mit dem Konjunktiv des Plusquamperfekts wiedergegeben: sarei già partita, se mio marito non si fosse ammalato *ich wäre bereits abgereist* (eigentlich: *ich würde bereits abgereist sein*), *wenn mein Mann nicht krank geworden wäre*; se fosse arrivato, mi avrebbe telefonato *wenn er angekommen wäre, hätte er mich angerufen* (eigentlich: *würde er mich angerufen haben*).

4. Wie das einfache Futur und der einfache Konditional werden auch das zweite Futur und der zweite Konditional häufig im Sinne von Vermutung, Ungewißheit, Zweifel gebraucht: chi sa che cosa avrà detto *wer weiß, was er gesagt haben mag* (eigentlich: *gesagt haben wird*); sarebbe già partito? *sollte er* (eigentlich: *würde er*) *schon abgereist sein?*

11. Besonderheiten bei der Bildung der zusammengesetzten Zeiten

Wie bereits bei der Bildung der zusammengesetzten Zeiten erwähnt wurde, erfolgt diese im allgemeinen mittels der im Deutschen entsprechenden Form des Hilfsverbs avere bzw. èssere und dem Partizip des Perfekts. Über die wichtigsten **Abweichungen vom deutschen Sprachgebrauch** unterrichtet die nachstehende Aufstellung.

1. | *italienisch:* **èssere,** aber *deutsch:* **haben** |

In den zusammengesetzten Zeiten werden mit èssere verbunden

a) die **reflexiven Verben,** wobei das Partizip des Perfekts in Geschlecht und Zahl nach dem Subjekt des Satzes ausgerichtet werden muß: i ragazzi (le ragazze) si sono lavati (lavate) *die Jungen (die Mädchen) haben sich gewaschen;*[*]

b) einige oft **unpersönlich gebrauchte Verben** wie bastare *genügen,* costare *kosten,* piacere *gefallen,* spiacere *mißfallen,* mancare *fehlen,* rincréscere *leid tun,* suonare *läuten:* ci è piaciuto molto *es hat uns sehr gefallen,* mi è rincresciuto *es hat mir leid getan;*

c) unpersönliche Verben, die **Witterungserscheinungen** bezeichnen wie piòvere *regnen,* nevicare *schneien,* lampeggiare *blitzen,* tuonare *donnern,* gelare *gefrieren* u. a.: è piovuto (nevicato) *es hat geregnet (geschneit).* In diesen Fällen können die zusammengesetzten Zeiten jedoch auch mit dem die Tätigkeit bezeichnenden Hilfsverb avere gebildet werden: ha piovuto (nevicato) tutta la notte *es hat die ganze Nacht hindurch geregnet (geschneit).*

2. | *italienisch:* **avere,** aber *deutsch:* **sein** |

In den zusammengesetzten Zeiten werden mit **avere** verbunden gewisse **Verben der Bewegung,** bei denen der Nachdruck auf die Tätigkeit des Geschehens gelegt wird: ho camminato *ich bin gelaufen,* ho marciato *ich bin marschiert,* ho nuotato *ich bin geschwommen,* ho passeggiato *ich bin spazierengegangen,* ho viaggiato *ich bin gereist.* Hinzu kommt, daß diese Ver-

---

[*] Zu den reflexiven Verben zählen auch die mit **si** *man* gebildeten Konstruktionen (si è parlato di te *man hat von dir gesprochen*) sowie solche Verben, deren Tätigkeit sich nicht auf das Subjekt zurückbezieht, die also keine reflexiven Verben im eigentlichen Sinne des Wortes sind (mi sono comprata la màcchina *ich habe mir den Wagen gekauft*).

ben auch in Verbindung mit einem Objekt gebraucht werden können: hanno passeggiato tre ore *sie sind drei Stunden spazierengegangen.* Verben der Bewegung dagegen, die kein Objekt nach sich haben können, werden in den zusammengesetzten Zeiten mit èssere verbunden. Hierher gehören Verben wie andare *gehen* — venire *kommen*, arrivare, giùngere *ankommen* — partire *abfahren*, entrare *eintreten* — uscire *hinausgehen*, scappare *entweichen, weglaufen* — (ri)tornare *zurückkehren.*

Einige Verben der Bewegung wie z. B. còrrere *laufen*, salire *hinaufsteigen*, scèndere *hinabsteigen*, saltare *springen*, volare *fliegen* bilden die zusammengesetzten Zeiten bald mit avere, bald mit èssere, je nachdem durch sie eine Tätigkeit oder ein Zustand bezeichnet werden soll: hanno volato fino a Praga *sie sind bis nach Prag geflogen* (Tätigkeit); l'uccello è volato su quell'àlbero *der Vogel ist auf jenen Baum geflogen* (wo er jetzt sitzt, also Zustand).

3. | la signora non **ha** potuto dormire
die Dame hat nicht schlafen können
la signora non è potut**a** venire
die Dame hat nicht kommen können

In Verbindung mit den Modalverben volere *wollen*, potere *können* und dovere *sollen, müssen* bestimmt das im Infinitiv folgende Hauptverb, welches Hilfsverb zu gebrauchen ist*.
Es heißt: la signora **ha** dormito, daher ... **ha** potuto dormire;
la signora è venuta, daher ... è potut**a** venire.

12. Veränderlichkeit des Partizips des Perfekts in Verbindung mit avere

Wie bereits bei der Bildung der zusammengesetzten Zeiten erwähnt wurde, bleibt das mit avere verbundene Partizip des Perfekts unverändert: abbiamo venduto i giornali *wir haben die Zeitungen verkauft.* Es ist nur dann zu verändern, wenn ein *Akkusativ*objekt in Form eines unbetonten persönlichen Fürwortes in der dritten Person (lo, la, La, li, le, Li, Le) vor das Verb tritt: li (= i giornali) abbiamo vendut**i** *wir haben sie* (= die Zeitungen) *verkauft.*

Ebenso: L' (= La) ho vist**a**, signore *ich habe Sie gesehen, mein Herr*
L'ho vist**a**, signora *ich habe Sie gesehen, meine Dame*
Li ho vist**i**, signori *ich habe Sie gesehen, meine Herren* bzw. *meine Damen und Herren*
Le ho vist**e**, signore *ich habe Sie gesehen, meine Damen*

---

* In der Umgangssprache wird in diesen Fällen durchweg avere gebraucht.

13. Das Passiv

Präsens	
sono invitato, -a *ich werde eingeladen*	siamo invitati, -e
sei invitato, -a	siete invitati, -e
è invitato, -a	sono invitati, -e

Imperfekt
ero invitato, -a *ich war eingeladen*

Historisches Perfekt
fui invitato, -a *ich wurde eingeladen*

Erstes Futur
sarò invitato, -a *ich werde eingeladen werden*

Erster Konditional
sarei invitato, -a *ich würde eingeladen werden*

Perfekt
sono stato, -a invitato, -a *ich bin eingeladen worden*

Plusquamperfekt
ero stato, -a invitato, -a *ich war eingeladen worden*

Zweites Futur
sarò stato, -a invitato, -a *ich werde eingeladen worden sein*

Zweiter Konditional
sarei stato, -a invitato, -a *ich würde eingeladen worden sein*

Bemerkungen:

1. Das Passiv wird mit dem Hilfsverb **èssere** (= *werden*) und dem Partizip des Perfekts gebildet, das sich in Geschlecht und Zahl nach dem Subjekt des Satzes richtet: lo straniero è invitato *der Ausländer wird eingeladen,* gli stranieri sono invitati *die Ausländer werden eingeladen.*

2. Zur Bildung der e i n f a c h e n Zeiten des Passivs dienen außer èssere auch die Hilfsverben **venire** *kommen* (la fattura viene pagata dal cliente *die Rechnung wird vom Kunden bezahlt*) und **andare** *gehen* im Sinne von ,,werden müssen" (gli òrdini vanno osservati scrupolosamente *die Vorschriften müssen streng befolgt werden*).

3. Der Urheber einer Tätigkeit (im Deutschen mit *von* eingeleitet) wird beim Passiv durch die Präposition **da** bezeichnet: questa màcchina da scrìvere è stata costruita da una fàbbrica francese *diese Schreibmaschine ist von einer französischen Fabrik gebaut worden.*

4. Häufig wird das Passiv durch die reflexive Form transitiver Verben oder durch die 3. Person Plural transitiver Verben wiedergegeben. Statt questa màcchina è costruita in Italia *diese Maschine wird in Italien gebaut* heißt es häufiger: questa màcchina si costruisce in Italia, was auch mit *diese Maschine baut man in Italien* (s. S. 48) übersetzt werden kann. Statt che dramma è rappresentato stasera? *welches Stück wird heute abend gegeben?* sagt man besser: che dramma si rappresenta *oder* che dramma rappresèntano stasera? (wörtlich: *führen sie ... auf*).

14. Präsens Konjunktiv von avere und èssere sowie der regelmäßigen Verben auf -are, -ere, -ire

avere	èssere
che io abbia *daß ich habe*	che io sia *daß ich sei*
che tu abbia	che tu sia
che lui *od.* lei abbia	che lui *od.* lei sia
che (noi) abbiamo	che (noi) siamo
che (voi) abbiate	che (voi) siate
che (loro) àbbiano	che (loro) sìano

-are	-ere	-ire	
comprare	vèndere	servire	finire
che io compri *daß ich kaufe*	che io venda *daß ich verkaufe*	che io serva *daß ich (be)diene*	che io finisca *daß ich beende*
che tu compri	che tu venda	che tu serva	che tu finisca
che lui *od.* lei compri	che lui *od.* lei venda	che lui *od.* lei serva	che lui *od.* lei finisca
che (noi) compriamo	che (noi) vendiamo	che (noi) serviamo	che (noi) finiamo
che (voi) compriate	che (voi) vendiate	che (voi) serviate	che (voi) finiate
che (loro) còmprino	che (loro) vèndano	che (loro) sèrvano	che (loro) finìscano

Bemerkungen:

1. In der dritten Person Plural liegt die Betonung meist auf der **dritt**letzten Silbe (pàrlino zu parlare *sprechen*, scrìvano zu scrìvere *schreiben*), bei einigen Verben auf -are auch auf der **viert**letzten Silbe (òrdinino zu ordinare *bestellen*, vìsitino zu visitare *besuchen*).

2. Verben auf -are, deren Stamm auf c oder g auslautet, schieben vor den Konjunktivendungen des Präsens jeweils ein h ein, um den Gaumenlaut zu erhalten: paghi, paghiamo, paghiate, pàghino. Dagegen fällt ein unbetontes i im Stammauslaut vor den Konjunktivendungen des Präsens aus: mangi, mangiamo, mangiate, màngino.

3. Auch in den stammbetonten Formen des Präsens Konjunktiv schieben die meisten Verben auf -ire* die Silbe -isc- zwischen Stamm und Endung ein (capisca, capìscano zu capire *verstehen*).

4. Da die Konjunktivformen des Präsens Singular gleichlautend sind, empfiehlt es sich, zur genauen Bestimmung des Subjekts der Handlung jeweils die persönlichen Fürwörter io, tu, lui bzw. lei hinzuzusetzen: credo che lui (lei) venga *ich glaube, daß er (sie) kommt.*

15. Die Imperativformen der regelmäßigen Verben auf -are, -ere, -ire

-are	-ere	-ire	
comprare	vèndere	servire	finire
compra *kaufe*	vendi	servi	finisci
non comprare *kaufe nicht*	non vèndere	non servire	non finire
compri *kaufen Sie* (Anrede an eine Person)	venda	serva	finisca
compriamo *kaufen wir*	vendiamo	serviamo	finiamo
comprate *kauft*	vendete	servite	finite
còmprino *kaufen Sie* (Anrede an mehrere Personen)	vèndano	sèrvano	finìscano

Bemerkungen:

1. Die Formen der dritten Person Singular und Plural des Imperativs (compri — còmprino, venda — vèndano) sind mit den entsprechenden Formen des Präsens Konjunktiv (che lui compri — che còmprino, che lui venda — che vèndano) identisch.

2. Außer der 2. Person Singular der Verben auf -are (compra) werden die Formen des Imperativs aus folgenden Formen des Präsens Indikativ hergeleitet:

die 2. Person Singular der Verben auf -ere und -ire aus der 2. Person Singular Präsens (vendi, servi, finisci);

die 1. Person Plural aller Verben aus der 1. Person Plural Präsens (compriamo, vendiamo, serviamo, finiamo);

die 2. Person Plural aller Verben aus der 2. Person Plural Präsens (comprate, vendete, servite, finite).

3. Bei der Bildung der verneinten Formen des Imperativs verdient die

---

* Mit Ausnahme der auf S. 21 bereits genannten wie aprire, dormire, partire u. ä.

2. Person Singular besondere Beachtung, da hier die Form des Infinitivs mit vorangestellter Verneinungspartikel (non parlare *sprich nicht*) zur Anwendung gelangt.

4. Die unbetonten (einfachen und zusammengesetzten) persönlichen Fürwörter werden an die Imperativformen angehängt, mit Ausnahme der 3. Person Singular und der dritten Person Plural, die entsprechend ihrer Herkunft aus der 3. Person Singular bzw. Plural des Präsens Konjunktiv Voranstellung der unbetonten persönlichen Fürwörter verlangen:

còmpra**lo**	*kaufe es*
non comprar**lo**	*kaufe es nicht*

(non) **lo** compri	*kaufen Sie es (nicht)*

(non) compriàmo**lo**	*kaufen wir es (nicht)*
(non) compràte**lo**	*kauft es (nicht)*

(non) **lo** còmprino	*kaufen Sie es (nicht)*

An dieser Stellung ändert sich nichts, auch wenn es sich um zusammengesetzte Formen der unbetonten persönlichen Fürwörter handelt: còmpramelo *kaufe es mir*, non compràrmelo *kaufe es mir nicht*, (non) me lo compri *kaufen Sie es mir (nicht)* usw.

16. Imperfekt Konjunktiv von avere und èssere sowie der regelmäßigen Verben auf -are, -ere, -ire

avere	èssere
che io avessi *daß ich hätte*	che io fossi *daß ich wäre*
che tu avessi	che tu fossi
che (lui, lei) avesse	che (lui, lei) fosse
che (noi) avéssimo	che (noi) fóssimo
che (voi) aveste	che (voi) foste
che (loro) avéssero	che (loro) fóssero

-are	-ere	-ire	
comprare	vèndere	servire	finire
che io comprassi *daß ich kaufte*	che io vendessi *daß ich verkaufte*	che io servissi *daß ich (be-)diente*	che io finissi *daß ich beendete*
che tu comprassi	che tu vendessi	che tu servissi	che tu finissi
che (lui, lei) comprasse	che (lui, lei) vendesse	che (lui, lei) servisse	che (lui, lei) finisse
che (noi) compràssimo	che (noi) vendéssimo	che (noi) servìssimo	che (noi) finìssimo
che (voi) compraste	che (voi) vendeste	che (voi) serviste	che (voi) finiste
che (loro) compràssero	che (loro) vendéssero	che (loro) servìssero	che (loro) finìssero

17. Alphabetische Liste der unregelmäßigen Verben

Die nicht aufgeführten Formen werden regelmäßig gebildet.

andare *gehen*
Presente: vado *ich gehe*, vai, va, andiamo, andate, vanno
Futuro: andrò *ich werde gehen*, andrai usw.
Condizionale: andrei *ich würde gehen*, andresti usw.
Imperativo: va *geh*, vada, andiamo, andate, vàdano
Congiuntivo Presente: vada *ich gehe*, vada, vada, andiamo, andiate, vàdano

bere *trinken*
Particìpio passato: bevuto *getrunken*
Gerundio: bevendo *trinkend*
Presente: bevo *ich trinke*, bevi, beve, beviamo, bevete, bévono
Imperfetto: bevevo *ich trank*, bevevi usw.
Passato remoto: bevetti *ich trank*, bevesti, bevette, bevemmo, beveste, bevèttero
Futuro: berrò *ich werde trinken*, berrai usw.
Condizionale: berrei *ich würde trinken*, berresti usw.
Imperativo: bevi *trink*, beva, beviamo, bevete, bévano
Congiuntivo Presente: beva *ich trinke*, beva, beva, beviamo, beviate, bévano
Congiuntivo Imperfetto: bevessi *ich tränke*, bevessi, bevesse, bevéssimo, beveste, bevéssero

dare *geben*
Presente: do *ich gebe*, dai, dà, diamo, date, danno
Passato remoto: diedi *ich gab*, desti, diede, demmo, deste, dièdero
Imperativo: da' *gib*, dìa, diamo, date, dìano
Congiuntivo Presente: dìa *ich gebe*, dìa, dìa, diamo, diate, dìano
Congiuntivo Imperfetto: dessi *ich gäbe*, dessi, desse, déssimo, deste, déssero

dire *sagen*
Particìpio passato: detto *gesagt*
Gerundio: dicendo *sagend*
Presente: dico *ich sage*, dici, dice, diciamo, dite, dìcono
Imperfetto: dicevo *ich sagte*, dicevi usw.
Passato remoto: dissi *ich sagte*, dicesti, disse, dicemmo, diceste, dìssero
Imperativo: di' *sage*, dica, diciamo, dite, dìcano
Congiuntivo Presente: dica *ich sage*, dica, dica, diciamo, diciate, dìcano
Congiuntivo Imperfetto: dicessi *ich sagte*, dicessi, dicesse, dicéssimo, diceste, dicéssero

dovere *müssen, sollen*
Presente: devo (*od.* debbo) *ich muß*, devi, deve, dobbiamo, dovete, dèvono (*od.* dèbbono)
Passato remoto: dovetti *ich mußte*, dovesti usw.
Futuro: dovrò *ich werde müssen*, dovrai usw.

Condizionale: dovrei *ich würde müssen*, dovresti usw.
Congiuntivo Presente: deva (*od.* debba) *ich müsse*, deva, deva, dobbiamo, dobbiate, dèvano (*od.* dèbbano)

fare *machen, tun*
Particìpio passato: fatto *gemacht*
Gerundio: facendo *machend*
Presente: faccio *ich mache*, fai, fa, facciamo, fate, fanno
Imperfetto: facevo *ich machte*, facevi usw.
Passato remoto: feci *ich machte*, facesti, fece, facemmo, faceste, fécero
Imperativo: fa' *mache*, faccia, facciamo, fate, fàcciano
Congiuntivo Presente: faccia *ich mache*, faccia, faccia, facciamo, facciate, fàcciano
Congiuntivo Imperfetto: facessi *ich machte*, facessi, facesse, facéssimo, faceste, facéssero

porre *setzen, stellen*
Particìpio passato: posto *gesetzt*
Gerundio: ponendo *setzend*
Presente: pongo *ich setze*, poni, pone, poniamo, ponete, pòngono
Imperfetto: ponevo *ich setzte*, ponevi usw.
Passato remoto: posi *ich setzte*, ponesti, pose, ponemmo, poneste, pósero
Imperativo: poni *setze*, ponga, poniamo, ponete, pòngano
Congiuntivo Presente: ponga *ich setze*, ponga, ponga, poniamo, poniate, pòngano
Congiuntivo Imperfetto: ponessi *ich setzte*, ponessi, ponesse, ponéssimo, poneste, ponéssero

potere *können, dürfen*
Presente: posso *ich kann*, puoi, può, possiamo, potete, pòssono
Futuro: potrò *ich werde können*, potrai usw.
Condizionale: potrei *ich würde können*, potresti usw.
Congiuntivo Presente: possa *ich könne*, possa, possa, possiamo, possiate, pòssano

rimanere *bleiben*
Particìpio passato: rimasto *geblieben*
Presente: rimango *ich bleibe*, rimani, rimane, rimaniamo, rimanete, rimàngono
Passato remoto: rimasi *ich blieb*, rimanesti, rimase, rimanemmo, rimaneste, rimàsero
Futuro: rimarrò *ich werde bleiben*, rimarrai usw.
Condizionale: rimarrei *ich würde bleiben*, rimarresti usw.
Imperativo: rimani *bleibe*, rimanga, rimaniamo, rimanete, rimàngano
Congiuntivo Presente: rimanga *ich bleibe*, rimanga, rimanga, rimaniamo, rimaniate, rimàngano

salire *steigen*
Presente: salgo *ich steige*, sali, sale, saliamo, salite, sàlgono
Imperativo: sali *steige*, salga, saliamo, salite, sàlgano
Congiuntivo Presente: salga *ich steige*, salga, salga, saliamo, saliate, sàlgano

sapere *wissen*

Presente: so *ich weiß*, sai, sa, sappiamo, sapete, sanno
Passato remoto: seppi *ich wußte, erfuhr*, sapesti, seppe, sapemmo, sapeste, sèppero
Futuro: saprò *ich werde wissen*, saprai usw.
Condizionale: saprei *ich würde wissen*, sapresti usw.
Imperativo: sappi *wisse*, sappia, sappiamo, sappiate, sàppiano
Congiuntivo Presente: sappia *ich wisse*, sappia, sappia, sappiamo, sappiate, sàppiano

scégliere *wählen, aussuchen*

Particìpio passato: scelto *gewählt*
Presente: scelgo *ich wähle*, scegli, sceglie, scegliamo, scegliete, scélgono
Passato remoto: scelsi *ich wählte*, scegliesti, scelse, scegliemmo, sceglieste, scélsero
Imperativo: scegli *wähle*, scelga, scegliamo, scegliete, scélgano
Congiuntivo Presente: scelga *ich wähle*, scelga, scelga, scegliamo, scegliate, scélgano

stare *stehen*

Presente: sto *ich stehe*, stai, sta, stiamo, state, stanno
Passato remoto: stetti *ich stand*, stesti, stette, stemmo, steste, stèttero
Imperativo: sta' *stehe*, stìa, stiamo, state, stìano
Congiuntivo Presente: stìa *ich stehe*, stìa, stìa, stiamo, stiate, stìano
Congiuntivo Imperfetto: stessi *ich stände*, stessi, stesse, stéssimo, steste, stéssero

tenere *halten*

Presente: tengo *ich halte*, tieni, tiene, teniamo, tenete, tèngono
Passato remoto: tenni *ich hielt*, tenesti, tenne, tenemmo, teneste, tènnero
Futuro: terrò *ich werde halten*, terrai usw.
Condizionale: terrei *ich würde halten*, terresti usw.
Imperativo: tieni *halte*, tenga, teniamo, tenete, tèngano
Congiuntivo Presente: tenga *ich halte*, tenga, tenga, teniamo, teniate, tèngano

uscire *hinausgehen*

Presente: esco *ich gehe hinaus*, esci, esce, usciamo, uscite, èscono
Imperativo: esci *geh hinaus*, esca, usciamo, uscite, èscano
Congiuntivo Presente: esca *ich gehe hinaus*, esca, esca, usciamo, usciate, èscano

valere *wert sein, gelten*

Particìpio passato: valso *wert gewesen*
Presente: valgo *ich bin wert*, vali, vale, valiamo, valete, vàlgono
Passato remoto: valsi *ich wurde wert*, valesti, valse, valemmo, valeste, vàlsero
Futuro: varrò *ich werde wert sein*, varrai usw.
Condizionale: varrei *ich würde wert sein*, varresti usw.
Congiuntivo Presente: valga *ich sei wert*, valga, valga, valiamo, valiate, vàlgano

vedere *sehen*

Particìpio passato: visto (*od.* veduto) *gesehen*
Passato remoto: vidi *ich sah*, vedesti, vide, vedemmo, vedeste, vìdero
Futuro: vedrò *ich werde sehen*, vedrai usw.
Condizionale: vedrei *ich würde sehen*, vedresti usw.

venire *kommen*
Participio passato: venuto *gekommen*
Presente: vengo *ich komme*, vieni, viene, veniamo, venite, vèngono
Passato remoto: venni *ich kam*, venisti, venne, venimmo, veniste, vènnero
Futuro: verrò *ich werde kommen*, verrai usw.
Condizionale: verrei *ich würde kommen*, verresti usw.
Imperativo: vieni *komm*, venga, veniamo, venite, vèngano
Congiuntivo Presente: venga *ich komme*, venga, venga, veniamo, veniate, vèngano

volere *wollen*
Presente: voglio *ich will*, vuoi, vuole, vogliamo, volete, vògliono
Passato remoto: volli *ich wollte*, volesti, volle, volemmo, voleste, vòllero
Futuro: vorrò *ich werde wollen*, vorrai usw.
Condizionale: vorrei *ich würde wollen*, vorresti usw.
Imperativo: vogli *wolle*, voglia, vogliamo, vogliate, vògliano
Congiuntivo Presente: voglia *ich wolle*, voglia, voglia, vogliamo, vogliate, vògliano

Verben auf -ere, die nur in bestimmten Formen des Passato remoto und im Participio passato unregelmäßig sind, z. B. **ròmpere** *brechen:* **ruppi**, rompesti, **ruppe**, rompemmo, rompeste, **rùppero**; **rotto**.

accèndere	*anzünden*	accesi	acceso
accòrgersi	*gewahr werden*	accorsi	accorto
cadere	*fallen*	caddi	caduto
chiùdere	*schließen*	chiusi	chiuso
cògliere	*pflücken*	colsi	colto
concèdere	*gewähren*	concessi	concesso
condurre	*führen*	condussi	condotto
[*Stamm:* conduc-]			
confòndere	*verwechseln*	confusi	confuso
conóscere	*kennen*	conobbi	conosciuto
còrrere	*laufen*	corsi	corso
créscere	*wachsen*	crebbi	cresciuto
decìdere	*beschließen*	decisi	deciso
difèndere	*verteidigen*	difesi	difeso
dirìgere	*leiten*	diressi	diretto
discùtere	*debattieren*	discussi	discusso
distìnguere	*unterscheiden*	distinsi	distinto
distrùggere	*zerstören*	distrussi	distrutto
divìdere	*teilen*	divisi	diviso
esprìmere	*ausdrücken*	espressi	espresso
fìngere	*vorgeben, tun als ob*	finsi	finto
giùngere	*einholen, ankommen*	giunsi	giunto
lèggere	*lesen*	lessi	letto
méttere	*setzen, stellen*	misi	messo
muòvere	*bewegen*	mossi	mosso
nàscere	*geboren werden*	nacqui	nato

39

nascóndere	*verbergen*	nascosi	nascosto
nuòcere	*schaden*	nocqui	nociuto
parere	*scheinen*	parvi	parso
pèrdere	*verlieren*	persi	perso
		[*od.* perdetti]	[*od.* perduto]
persuadere	*überzeugen*	persuasi	persuaso
piacere	*gefallen*	piacqui	piaciuto
piàngere	*weinen*	piansi	pianto
pòrgere	*reichen*	porsi	porto
prèndere	*nehmen*	presi	preso
ràdere	*rasieren*	rasi	raso
rèndere	*übergeben*	resi	reso
rìdere	*lachen*	risi	riso
rispòndere	*antworten*	risposi	risposto
ròmpere	*brechen*	ruppi	rotto
scèndere	*hinabsteigen*	scesi	sceso
sciògliere	*auflösen*	sciolsi	sciolto
scòrgere	*erblicken*	scorsi	scorto
scrìvere	*schreiben*	scrissi	scritto
spèndere	*ausgeben*	spesi	speso
spèngere	*auslöschen*	spensi	spento
spìngere	*stoßen*	spinsi	spinto
strìngere	*drücken*	strinsi	stretto
tacere	*schweigen*	tacqui	taciuto
tògliere	*wegnehmen*	tolsi	tolto
trarre	*ziehen*	trassi	tratto
uccìdere	*töten*	uccisi	ucciso
vìncere	*siegen*	vinsi	vinto
vìvere	*leben*	vissi	vissuto
vòlgere	*wenden*	volsi	volto

18. Rektion der Verben

Eine Reihe von Verben regiert im Italienischen einen anderen Fall als im Deutschen. So steht abweichend vom Deutschen

der Genitiv u. a. nach folgenden Verben:

abusare di qc.	*et. mißbrauchen*
accòrgersi di qc.	*et. bemerken*
incaricarsi di qc.	*et. übernehmen*
pentirsi di qc.	*et. bereuen*
profittare di qc.	*et. benutzen*

der Dativ u. a. nach folgenden Verben:

chièdere qc. a qu.	
domandare qc. a qu.	*j-n nach et. fragen, um et. bitten*
sopravvìvere a qu.	*j-n überleben*
sovrastare a qc.	*et. überragen*
supplire a qc.	*et. ersetzen*

der Akkusativ u. a. nach folgenden Verben:

adulare qu.	*j-m schmeicheln*
affrontare qu.	*j-m entgegentreten*
aiutare qu.	*j-m helfen*
ascoltare qu.	*j-m zuhören*
consigliare qu.	*j-m einen Rat geben*
contraddire qu.	
contrariare qu.	*j-m widersprechen*
dissuadere qu.	*j-m abraten*
incontrare qu.	*j-m begegnen*
insidiare qu.	*j-m nachstellen*
minacciare qu.	*j-m drohen*
pareggiare qu.	*j-m gleichkommen*
prevenire qu.	*j-m zuvorkommen*
ringraziare qu. di qc.	*j-m für et. danken*
seguire qu.	*j-m folgen*
soccórrere qu.	*j-m helfen*
somigliare qu.	*j-m ähneln*
ubbidire qu.	*j-m gehorchen*

19. Gebrauch des Konjunktivs

Abgesehen von einigen formelhaften Wendungen in Wunschsätzen (wie z. B. Evviva la patria! *Es lebe das Vaterland!* — Dio te la mandi buona! *Gott sei dir gnädig!* — Piacesse a Dio! *Gott gebe es!*) wird der Konjunktiv in Nebensätzen gebraucht, deren Inhalt für möglich, wahrscheinlich bzw. unwahrscheinlich, zweifelhaft oder unsicher gehalten wird bzw. in der Wirklichkeit nicht besteht:

1. Der Inhalt des Nebensatzes wird für **möglich, wahrscheinlich** bzw. **unwahrscheinlich, zweifelhaft, unsicher** gehalten: è possìbile che il treno sia in ritardo *es ist möglich, daß der Zug Verspätung hat*; è probàbile che venga in ritardo *es ist wahrscheinlich, daß er verspätet kommt*; è improbàbile che

oggi piova *es ist unwahrscheinlich, daß es heute regnet*; dùbito che lui abbia ragione *ich bezweifele, daß er recht hat*; io non so se si trovi ancora il mio libro *ich weiß nicht, ob sich mein Buch noch auffinden wird.*

2. Der Inhalt des Nebensatzes besteht in der Wirklichkeit nicht. Seine Verwirklichung tritt vielleicht ein, sie wird **erhofft, gewünscht, vermutet**: speriamo che la merce arrivi in buono stato *wir hoffen, daß die Ware in gutem Zustand eintrifft*; desìdero (voglio, permetto, proibisco) che lui venga da noi *ich wünsche (will, gestatte, verbiete), daß er zu uns kommt*; suppongo che costi troppo caro *ich vermute, daß es zu teuer ist.*

3. Der Inhalt des Nebensatzes wird als unbestimmt hingestellt, um **persönliche Gefühle** wie Freude, Trauer, Verwunderung, Furcht und **persönliche Meinungen** (insbesondere Aussagen im Superlativ) bescheidener erscheinen zu lassen. Durch die Anwendung des Konjunktivs läßt man gewissermaßen die Möglichkeit eines Irrtums offen und macht keinen Anspruch auf Allgemeingültigkeit seiner Gefühle und Meinungen: mi fa piacere (mi dispiace, mi meraviglio, mi preòccupo) che non sia d'accordo *es freut mich (ich bedaure, ich wundere mich, es macht mir Sorgen), daß er nicht einverstanden ist*; è il più bel libro che io abbia mai letto *es ist das schönste Buch, das ich jemals gelesen habe.*

Der Konjunktiv steht ferner:

a) nach bestimmten **Konjunktionen**, die eine Bedingung (se *wenn, ob*, nel caso che *falls*, a condizione che *unter der Bedingung, daß*, supposto che *vorausgesetzt, daß*), eine Einräumung (benché, sebbene *obwohl*), einen Vergleich (come se *als ob*), einen Zeitbegriff (prima che *bevor*, finché *bis*, solange wie) oder einen Zweck (affinché, perché *damit*) ausdrücken;

b) nach bestimmten **Fürwörtern**: chiunque venga, dica io non sono in casa *wer auch kommen mag, sagen Sie, ich sei nicht zu Hause*;

c) in **Relativsätzen** zum Ausdruck eines Wunsches, einer Bedingung: cerchiamo una segretaria che sappia il francese *wir suchen eine Sekretärin, die Französisch können soll.*

Zur **Zeitenfolge** beim Konjunktiv ist folgendes zu bemerken:

1. Steht das Verb des Hauptsatzes im Präsens Indikativ oder Futur, so steht das Verb des Nebensatzes im Präsens Konjunktiv oder Perfekt Konjunktiv: **credo** che lui **abbia** ragione *ich glaube, daß er recht hat*; **credo** che lui **abbia avuto** ragione *ich glaube, daß er recht gehabt hat.*

2. Steht das Verb des Hauptsatzes in einer Zeit der Vergangenheit (Imperfekt, historisches Perfekt, Perfekt oder Plusquamperfekt), so steht das Verb des Nebensatzes im Imperfekt Konjunktiv oder Plusquamperfekt Konjunktiv: **speravo** che lei **partisse** *ich hoffte, daß sie abreisen würde*; **avevo sperato** che lei **fosse partita** *ich hatte gehofft, daß sie abgereist wäre.*

3. Steht das Verb des Hauptsatzes im 1. oder 2. Konditional, so steht das Verb des mit der Konjunktion **se** eingeleiteten Nebensatzes im Imperfekt

Konjunktiv oder Plusquamperfekt Konjunktiv: **verrei** se **potessi** *ich würde kommen, wenn ich könnte*; **sarei venuto** se **avessi potuto** *ich würde gekommen sein, wenn ich gekonnt hätte.*

Im Gegensatz zum Deutschen wird im Italienischen in der **indirekten Rede** der **Indikativ** gebraucht; auch ist auf die Zeitenfolge zu achten: afferma che è malato *er behauptet, er sei krank*; affermava *od.* affermò che **era** malato *er behauptete, er sei krank.*

20. Gebrauch des Infinitivs

Grundsätzlich ist festzustellen, daß der **reine** (präpositionslose) Infinitiv nach Verben steht, die ein Substantiv im Akkusativ regieren. Statt: preferisco l'apertura di un conto *ich ziehe die Eröffnung eines Kontos vor* kann man auch verbal sagen: preferisco aprire un conto *ich ziehe es vor, ein Konto zu eröffnen.*

Andererseits steht dieselbe Präposition, die vor einer substantivischen Ergänzung stehen würde, auch vor einem entsprechenden Infinitiv. So verlangen Verben, die das dazugehörige Substantiv im Genitiv regieren, auch den Infinitiv mit **di**, während Verben, die ein Substantiv im Dativ regieren, den Infinitiv mit **a** verlangen:

statt: non è capace di una tale azione *er ist einer solchen Handlung nicht fähig* konnte man auch sagen: non è capace di fare qualcosa così *er ist nicht fähig, so etwas zu tun*; statt: ci siamo decisi alla partenza *wir haben uns zur Abreise entschlossen* kann es verbal auch heißen: ci siamo decisi a partire *wir haben uns entschlossen abzureisen.*

1. **Der reine** (präpositionslose) **Infinitiv** steht

a) nach unpersönlichen Ausdrücken wie basta *es genügt*, bisogna *man muß*, conviene *es ziemt sich*, piace *es gefällt*, è fàcile, difficile *es ist leicht, schwierig*, è necessario *es ist nötig*, è pericoloso *es ist gefährlich*, è proibito *es ist verboten*, è ùtile *es ist nützlich* u. a. (è difficile contentarlo *es ist schwierig, ihn zufriedenzustellen*; è pericoloso spòrgersi *es ist gefährlich, sich hinauszulehnen*; è proibito fumare *es ist verboten zu rauchen*);

b) nach den modalen Hilfsverben volere *wollen*, potere, sapere *können*, dovere *sollen, müssen* sowie fare (veran)lassen und lasciare (zu)lassen (non sappiamo decifrarlo *wir können es nicht entziffern*; faccio citarla *ich lasse sie vorladen*; làsciami vedere *laß mich sehen*);

c) nach den Verben der sinnlichen Wahrnehmung sentire, udire *hören* und vedere *sehen* sowie nach den Verben desiderare *wünschen*, favorire *die Güte haben, zu* ..., osare *wagen*, preferire *vorziehen*, solere, usare *pflegen* (zu) u. a. (vedo venirlo *ich sehe ihn kommen*; favorisca rispóndermi a volta di corriere *haben Sie die Güte, mir postwendend zu antworten*; soliamo alzarci di buon'ora *wir pflegen früh aufzustehen*).

2. **Der Infinitiv mit di** steht

a) als Attribut nach Substantiven (abbiamo la possibilità di fare un viaggio *wir haben die Möglichkeit, eine Reise zu machen*; abbia la bontà di venire sùbito *haben Sie die Güte, sofort zu kommen*; ha l'intenzione di vèndere la casa *er hat die Absicht, das Haus zu verkaufen*);

b) nach einer Reihe von Verben des Gefühls- und Meinungsausdrucks wie chièdere, domandare, pregare *bitten*, comandare, ordinare *befehlen*, crédere *glauben*, decìdere *beschließen*, dire *sagen*, evitare *vermeiden*, finire, terminare *aufhören*, impedire *hindern*, intèndere *beabsichtigen*, negare *leugnen*, offrire anbieten, permèttere *erlauben*, pretèndere *verlangen*, sperare *hoffen*, tentare *versuchen* u. a. (abbiamo deciso di non rispóndergli *wir haben beschlossen, ihm nicht zu antworten*; nega di averlo detto *er leugnet, es gesagt zu haben*; spero di vederLa presto *ich hoffe, Sie bald zu sehen*).

3. **Der Infinitiv mit a** steht nach Verben, die das Streben nach einer Richtung, einem Ziel oder Zweck zum Ausdruck bringen, somit auf die mit *womit?*, *wozu?*, *worauf?* usw. eingeleiteten Fragen Auskunft geben. Es handelt sich hierbei um Verben wie aiutare *helfen*, andare *gehen*, aspirare *streben*, cominciare *anfangen*, continuare *fortfahren*, decìdersi *sich entschließen*, disporsi *sich anschicken*, esitare *zögern*, incitare *anregen*, incoraggiare *ermutigen*, invitare *einladen*, obbligare *zwingen*, persuadere *überreden*, prepararsi *sich vorbereiten*, rinunciare *verzichten*, riuscire *gelingen*, sforzarsi *sich bemühen* u. a. (ha cominciato a tradurre il libro *er hat begonnen, das Buch zu übersetzen*; ho incitato a invitare anche lui *ich habe angeregt, auch ihn einzuladen*; mi persuase a seguirlo *er überredete mich, ihm zu folgen*).

4. **Der Infinitiv mit da** steht

a) als Attribut nach Substantiven, um einen Zweck (*wozu?*) auszudrücken (una màcchina da scrìvere *eine Schreibmaschine*; un salotto da pranzo *ein Speisezimmer*);

b) nach den Verben èssere und avere, um eine Notwendigkeit auszudrücken (non è da raccomandarsi *es ist nicht zu empfehlen*; ho molto da fare *ich habe viel zu tun*).

VI. Das Pronomen (Fürwort)

1. Die unbetonten persönlichen Fürwörter

Dativ				Akkusativ			
Singular		Plural		Singular		Plural	
mi	*mir*	ci	*uns*	mi	*mich*	ci	*uns*
ti	*dir*	vi	*euch*	ti	*dich*	vi	*euch*
gli	*ihm*	loro	*ihnen*	lo	*ihn*	li	*sie*
le	*ihr*	loro	*ihnen*	la	*sie*	le	*sie*
Le	*Ihnen*	Loro	*Ihnen*	La	*Sie*	Li	*Sie (m)*
					(m u. f)	Le	*Sie (f)*
si	*sich*	si	*sich*	si	*sich*	si	*sich*

1. Die unbetonten Formen der persönlichen Fürwörter werden im Dativ und Akkusativ gebraucht, wenn kein besonderer Nachdruck auf ihnen liegt und sie nicht mit einer Präposition verbunden sind. Sie stehen in der Regel* unmittelbar **vor** dem Verb, in zusammengesetzten Zeiten vor dem Hilfsverb:

Dativ: gli scriviamo una lèttera *wir schreiben ihm einen Brief*

le abbiamo scritto una lèttera *wir haben ihr einen Brief geschrieben*

Nachgestellt dagegen wird loro (Loro) *ihnen (Ihnen)*:

scriviamo loro (Loro) una lèttera *wir schreiben ihnen (Ihnen) einen Brief*

abbiamo scritto loro (Loro) una lèttera *wir haben ihnen (Ihnen) einen Brief geschrieben*

Akkusativ: lo vediamo stasera *wir sehen ihn heute abend*

la vediamo stasera *wir sehen sie heute abend*

In den zusammengesetzten Zeiten richtet sich das Partizip des Perfekts in Geschlecht und Zahl nach den vorangehenden Akkusativpronomen lo, la, li und le.

l' (= lo) abbiamo visto *wir haben ihn gesehen*

l' (= la) abbiamo vista *wir haben sie gesehen*

li abbiamo visti *wir haben sie (m) gesehen*

le abbiamo viste *wir haben sie (f) gesehen*

Anmerkung: Apostrophiert werden nur die Akkusativformen lo *ihn* und la *sie*; alle übrigen Dativ- und Akkusativformen des persönlichen Fürworts werden nicht apostrophiert.

2. Das unbetonte Fürwort der **Anrede** hat im Dativ die Formen **Le** (Anrede an e i n e Person) und **Loro** (Anrede an m e h r e r e Personen), im Akkusativ die Formen **La** (Anrede an e i n e n Herrn oder an e i n e Dame) und **Li** (Anrede an m e h r e r e Herren) bzw. **Le** (Anrede an m e h r e r e Damen):

Le regalo questo libro, signore (signora) *ich schenke Ihnen dieses Buch, mein Herr (meine Dame)*

regalo Loro questo libro, signori (signore) *ich schenke Ihnen dieses Buch, meine Herren (meine Damen)*

La saluto, signore *ich begrüße Sie, mein Herr*

La saluto, signora *ich begrüße Sie, meine Dame*

L'(= La) ho salutato, signore *ich habe Sie begrüßt, mein Herr*

L' (= La) ho salutata, signora *ich habe Sie begrüßt, meine Dame*

Li saluto, signori *ich begrüße Sie, meine Herren*

Le saluto, signore *ich begrüße Sie, meine Damen*

Li ho salutati, signori *ich habe Sie begrüßt, meine Herren*

Le ho salutate, signore *ich habe Sie begrüßt, meine Damen*

---

* Angehängt werden sie an **ecco** *hier ist* (èccolo *hier ist er*), unter Ausstoßung des -e an den **Infinitiv** (desìdero salutarlo *ich wünsche, ihn zu begrüßen*), an das **Gerundium** (s. S. 27) sowie an bestimmte Formen des **Imperativs** (s. S. 35).

3. In verneinten Sätzen steht die Verneinungspartikel **non** vor der unbetonten Form des persönlichen Fürworts: non lo vediamo *wir sehen ihn nicht*, non l'abbiamo visto *wir haben ihn nicht gesehen*.

4. Als unbetonte persönliche Fürwörter werden ferner gebraucht: **ci**, **vi** *dort, dorthin* — beide vertreten Satzteile in Verbindung mit a und in: abbiamo molti amici in Italia *wir haben viele Freunde in Italien*, ci (vi) abbiamo molti amici *wir haben dort viele Freunde*; **ne** *davon, damit, darüber* — vertritt Satzteile in Verbindung mit di und da: siamo contenti del risultato *wir sind mit dem Ergebnis zufrieden*, ne siamo contenti *wir sind damit zufrieden*.

Zusammengesetzte Formen der unbetonten persönlichen Fürwörter

me lo	la li le	ne	*ihn (es) mir*	*sie mir*	*mir davon*
te lo	la li le	ne	*ihn (es) dir*	*sie dir*	*dir davon*
glielo	la li le	ne	{ *ihn (es) ihm* { *ihn (es) ihr*	{ *sie ihm* { *sie ihr*	{ *ihm davon* { *ihr davon*
ce lo	la li le	ne	*ihn (es) uns*	*sie uns*	*uns davon*
ve lo	la li le	ne	*ihn (es) euch*	*sie euch*	*euch davon*
se lo	la li le	ne	*ihn (es) sich*	*sie sich*	*sich davon*

Bemerkungen:

1. In der Aufeinanderfolge zweier unbetonter persönlicher Fürwörter beim Verb unterscheiden sich die deutsche und die italienische Sprache grundsätzlich. Während es im Deutschen heißt: ich gebe es dir (*Akkusativ*objekt vor *Dativ*objekt), verwendet das Italienische gerade die umgekehrte Reihenfolge: te lo do (*Dativ*objekt vor *Akkusativ*objekt). Dabei werden die vor den Akkusativen lo, la, li, le bzw. der Pronominalpartikel ne stehenden Dative mi, ti, ci, vi, si in die Formen **me**, **te**, **ce**, **ve**, **se** verwandelt, während die Dative gli und le in Verbindung mit den Akkusativen lo, la, li, le bzw. ne die Form **glie** annehmen.

2. Da die Form **glie** sowohl für gli *ihm* wie auch für le *ihr* steht, kann unter Umständen Unklarheit entstehen. Der Satz glielo do kann sowohl mit *ich gebe es ihm* wie auch mit *ich gebe es ihr* übersetzt werden. In derartigen Fällen empfiehlt es sich, das Dativpronomen in der **betonten** Form nachzustellen, also zu sagen lo do **a lui** *ich gebe es ihm* bzw. lo do **a lei** *ich gebe es ihr*.

3. Bezüglich der **Stellung** beim Verb gilt das auf Seite 45 Gesagte: Auch die zusammengesetzten Formen der unbetonten persönlichen Fürwörter stehen in der Regel **vor** dem Verb, in zusammengesetzten Zeiten vor dem Hilfsverb:

me lo compra *er kauft es mir*
me lo ha comprato *er hat es mir gekauft*
ve lo dico *ich sage es euch*
ve l'ho detto *ich habe es euch gesagt*
ve li (= i libri) do *ich gebe sie euch*
ve li ho dati *ich habe sie euch gegeben*

Nachgestellt wird **loro (Loro)** *ihnen (Ihnen)*:

lo dico **loro (Loro)** *ich sage es ihnen (Ihnen)*
l'ho detto **loro (Loro)** *ich habe es ihnen (Ihnen) gesagt*

Apostrophiert werden auch in den zusammengesetzten Formen die Fürwörter lo und la, nicht aber die entsprechenden Pluralformen li und le.

2. Die betonten persönlichen Fürwörter

Nominativ		Genitiv		Dativ		Akkusativ	
Singular							
io	*ich*	**di me**	*meiner*	**a me**	*mir*	**me**	*mich*
tu	*du*	**di te**	*deiner*	**a te**	*dir*	**te**	*dich*
lui	*er*	**di lui**	*seiner*	**a lui**	*ihm*	**lui**	*ihn*
lei	*sie*	**di lei**	*ihrer*	**a lei**	*ihr*	**lei**	*sie*
Lei	*Sie*	**di Lei**	*von Ihnen*	**a Lei**	*Ihnen*	**Lei**	*Sie*
		di sé	*seiner, ihrer*	**a sé**	*sich*	**sé**	*sich*
Plural							
noi	*wir*	**di noi**	*unser*	**a noi**	*uns*	**noi**	*uns*
voi	*ihr*	**di voi**	*euer*	**a voi**	*euch*	**voi**	*euch*
loro	*sie (m)*	**di loro**	*ihrer*	**a loro**	*ihnen*	**loro**	*sie*
loro	*sie (f)*	**di loro**	*ihrer*	**a loro**	*ihnen*	**loro**	*sie*
Loro	*Sie*	**di Loro**	*von Ihnen*	**a Loro**	*Ihnen*	**Loro**	*Sie*

Bemerkungen:

1. Die betonten Formen der persönlichen Fürwörter werden im allgemeinen nur gebraucht

a) in Verbindung mit **Präpositionen:** viene con lei *er kommt mit ihr*, da me *bei mir*, con te *mit dir*, senza di noi *ohne uns*; prima di voi *vor euch*;

b) wenn sie besonders **hervorgehoben** oder voneinander **unterschieden** werden sollen: ha salutato **te** *er hat* **dich** *gegrüßt*, ho incontrato **lui** e sua sorella *ich habe* **ihn** *und seine Schwester getroffen*, hanno licenziato **lui** che era in questa fàbbrica già da vent'anni *man hat* **ihm** *gekündigt, der schon seit 20 Jahren in dieser Fabrik war*;

c) im zweiten Teil eines **Vergleichs:** mio fratello è più diligente di me *mein Bruder ist fleißiger als ich*;

d) in **Ausrufen:** se io fossi (in) te! *wenn ich du wäre!*, pòvero me! *ich Armer!*

2. Neben der vertrauten **Anrede** mit tu *du* bzw. voi *ihr* (letzteres auch im Geschäftsverkehr) wird das deutsche *Sie*, wenn man zu **einer** Person spricht, durch das Fürwort **Lei** in Verbindung mit der dritten Person Singular des Zeitwortes ausgedrückt: Lei parla bene italiano, signore *Sie sprechen gut Italienisch, mein Herr.* Häufig wird Lei auch weggelassen, und es genügt, wenn man sagt: parla bene italiano, signore.*

Spricht man zu **mehreren** Personen, so wird das deutsche *Sie* durch das Fürwort **Loro** in Verbindung mit der dritten Person Plural des Zeitwortes ausgedrückt: Loro pàrlano bene tedesco, signori *Sie sprechen gut Deutsch, meine Herren.* Loro dient allerdings nur zur Betonung, so daß es normalerweise genügt, wenn man sagt: pàrlano bene tedesco, signori.

3. Die rückbezüglichen Fürwörter

1. Als rückbezügliche Fürwörter werden die unbetonten Formen der persönlichen Fürwörter mi, ti, si, ci, vi, si (s. S. 44) verwendet:

rallegrarsi	
mi rallegro *ich freue mich*	**ci** rallegriamo
ti rallegri	**vi** rallegrate
si rallegra	**si** rallégrano

2. Das deutsche „**man**" wird durch das Reflexivpronomen **si** ausgedrückt, zu dem, je nach dem Subjekt des Satzes, die 3. Person Singular oder die 3. Person Plural des Zeitwortes tritt:

si vende il giornale *man verkauft die Zeitung*
(wörtlich: *die Zeitung verkauft sich*)
si vèndono (i) giornali *man verkauft (die) Zeitungen*
(wörtlich: [*die*] *Zeitungen verkaufen sich*)

Solche reflexiven Wendungen ersetzen häufig Passivkonstruktionen (s. S. 33). Statt questa màcchina è costruita in Italia *diese Maschine wird in Italien gebaut* heißt es häufiger: questa màcchina si costruisce in Italia; statt i vini italiani sono spediti in tutto il mondo *die italienischen Weine werden in die ganze Welt versandt* häufiger: i vini italiani si spedìscono in tutto il mondo.

Trifft das unbestimmte Fürwort si *man* mit einem reflexiven Verbum in der 3. Person zusammen, so wird es durch ci ersetzt: ci si prepara bene *man bereitet sich gut vor.*

---

* Statt Lei wird als Anrede in Briefen auch **Ella** gebraucht (se Ella consente *wenn Sie zustimmen*), jedoch niemals in Verbindung mit Präpositionen (lo porto a Lei *ich bringe es Ihnen*).

4. Die besitzanzeigenden Fürwörter

männlich

Singular	Plural
il **mio** libro *mein Buch*	i **miei** libri *meine Bücher*
il **tuo** libro *dein Buch*	i **tuoi** libri
il **suo** libro *sein, ihr Buch*	i **suoi** libri
il **Suo** libro *Ihr Buch*	i **Suoi** libri
il **nostro** libro *unser Buch*	i **nostri** libri
il **vostro** libro *euer Buch*	i **vostri** libri
il **loro** libro *ihr Buch*	i **loro** libri
il **Loro** libro *Ihr Buch*	i **Loro** libri

weiblich

Singular	Plural
la **mia** casa *mein Haus*	le **mie** case *meine Häuser*
la **tua** casa *dein Haus*	le **tue** case
la **sua** casa *sein, ihr Haus*	le **sue** case
la **Sua** casa *Ihr Haus*	le **Sue** case
la **nostra** casa *unser Haus*	le **nostre** case
la **vostra** casa *euer Haus*	le **vostre** case
la **loro** casa *ihr Haus*	le **loro** case
la **Loro** casa *Ihr Haus*	le **Loro** case

Bemerkungen:

1. Die besitzanzeigenden Fürwörter richten sich in Geschlecht und Zahl nach dem Substantiv, vor dem sie stehen:

> il libro: il mio libro — i miei libri
> la casa: la mia casa — le mie case

il cappello: il suo cappello — i suoi cappelli
der Hut   sein, ihr Hut   seine, ihre Hüte
la scarpa: la sua scarpa — le sue scarpe
der Schuh sein, ihr Schuh   seine, ihre Schuhe

2. Vor die besitzanzeigenden Fürwörter wird in der Regel der **bestimmte Artikel** gesetzt: la nostra casa — le nostre case.

3. Ohne bestimmten Artikel werden die besitzanzeigenden Fürwörter (außer loro [Loro], das stets den bestimmten Artikel vor sich verlangt) nur gebraucht,

a) wenn sie im Singular unmittelbar vor einem Verwandtschaftsnamen ohne nähere Bestimmungen stehen: mia moglie *meine Frau*, mio padre *mein Vater*, suo fratello *sein, ihr Bruder*. Stehen Verwandtschaftsnamen jedoch im Plural (**i** miei fratelli *meine Brüder*) oder werden sie von einem Adjektiv begleitet (il mio **caro** fratello *mein lieber Bruder*) bzw. durch Nachsilben (Verkleinerungs- oder Vergrößerungssilben) erweitert (il mio fratel**lino** *mein Brüderchen*), so muß der bestimmte Artikel auch in diesen Fällen gebraucht werden;

b) wenn sie in einer Apposition stehen: il signor Rossi, mio collega *Herr Rossi, mein Kollege.*

4. In besonderen Wendungen kommen die besitzanzeigenden Fürwörter auch in Verbindung mit dem **unbestimmten Artikel** vor: un mio amico (= uno dei miei amici) *einer meiner Freunde.*

5. Die Fürwörter **suo, sua, suoi, sue** beziehen sich auf **einen** Besitzer: mio fratello ha perduto il suo libro, la sua chiave, i suoi libri, le sue chiavi *mein Bruder hat sein Buch, seinen Schlüssel, seine Bücher, seine Schlüssel verloren*; mia sorella ha perduto il suo libro, la sua chiave, i suoi libri, le sue chiavi *meine Schwester hat ihr Buch, ihren Schlüssel, ihre Bücher, ihre Schlüssel verloren.* Das unveränderliche Fürwort **loro** dagegen bezieht sich auf **mehrere** Besitzer: i miei fratelli (le mie sorelle) hanno perduto il loro libro, la loro chiave, i loro libri, le loro chiavi *meine Brüder (meine Schwestern) haben ihr Buch, ihren Schlüssel, ihre Bücher, ihre Schlüssel verloren.*

6. Eine besondere Form für das a l l e i n s t e h e n d e besitzanzeigende Fürwort kennt das Italienische nicht: ho trovato i miei guanti, ma non ho trovato i tuoi *meine Handschuhe habe ich gefunden, aber nicht deine.*

In Verbindung mit èssere kann der bestimmte Artikel fehlen: è Suo forse questo? *ist dies vielleicht Ihrer?* — No, non è mio *nein, er gehört mir nicht.* Hierbei beachte man, daß der mit Hilfe eines *persönlichen* Fürwortes gebildeten deutschen Wendung (gehört *mir*) im Italienischen eine mit Hilfe eines *besitzanzeigenden* Fürwortes gebildete Wendung (è *mio*) entspricht.

5. Die bezüglichen Fürwörter

Singular

Nominativ	il signore **che (il quale)** parla *der Herr, der (welcher) spricht*
Genitiv	il signore **di cui (del quale)** parlo *der Herr, von dem ich spreche*
Dativ	il signore **a cui (al quale)** ricorro *der Herr, an den ich mich wende*
Akkusativ	il signore **che** vedo *der Herr, den ich sehe*

Plural

Nominativ	i signori **che (i quali)** pàrlano *die Herren, die (welche) sprechen*
Genitiv	i signori **di cui (dei quali)** parlo *die Herren, von denen ich spreche*
Dativ	i signori **a cui (ai quali)** ricorro *die Herren, an die ich mich wende*
Akkusativ	i signori **che** vedo *die Herren, die ich sehe*

Remerkungen:

1. Das am meisten gebrauchte bezügliche Fürwort ist **che**. Es wird unverändert für beide Geschlechter und Zahlen, jedoch nur im Nominativ und Akkusativ gebraucht: il signore (la signora) che è arrivato (-a) *der Herr (die Dame), der (die) angekommen ist*; i signori (le signore) che io conosco *die Herren (die Damen), die ich kenne*.

2. Das bezügliche Fürwort **il quale, la quale** (della, alla quale; le quali, delle, alle quali) wird statt che nach Präpositionen gebraucht: un congresso nel quale (*oder* in cui) sono fatti discorsi interessanti *ein Kongreß, auf dem interessante Vorträge gehalten werden*, il progetto del quale (*oder* di cui) ho parlato *das Projekt, von dem ich gesprochen habe*.

Da das bezügliche Fürwort il (la) quale Geschlecht und Zahl des Beziehungswortes annimmt, wird es vorwiegend (jedoch nicht in der Akkusativform!) gebraucht, wenn durch das unveränderliche Fürwort che, das sich auf das unmittelbar vor ihm stehende Substantiv bezieht, die Beziehung unklar bleiben könnte: scrivo al fratello di **Marìa che** arriverà lunedì *ich schreibe an den Bruder Marias, die am Montag ankommen wird*; dagegen: scrivo **al fratello** di Marìa **il quale** arriverà lunedì *ich schreibe an den Bruder Marias, der am Montag ankommen wird*.

3. Den Genitiven **dessen, deren** vor Substantiven entspricht im Italienischen einfaches **cui**. Es ist unveränderlich, gilt für beide Geschlechter und tritt zwischen Artikel und Substantiv: scrivo a Giovanni (Marìa) la cui lèttera ho ricevuto stamattina *ich schreibe an Giovanni (Maria), dessen (deren) Brief ich heute morgen erhalten habe*, la Toscana i cui vini sono famosi *die Toskana, deren Weine berühmt sind*.

4. Dem verallgemeinernden bezüglichen Fürwort **wer** entspricht im Italienischen **chi**: chi parla molto, pensa poco *wer viel spricht, denkt wenig.*

5. Die relativische Anknüpfung **was** ist mit **il che** wiederzugeben, das sich auf den Sinn des ganzen vorhergehenden Satzes bezieht: ha visitato i suoi clienti, il che ha fatto loro molto piacere *er hat seine Kunden aufgesucht, was ihnen viel Freude gemacht hat.*

6. Die deutschen Wendungen **das, was** bzw. **alles, was** werden mit **quello** (*oder* **ciò**) **che** bzw. **tutto ciò che, tutto quanto** wiedergegeben: abbiamo ottenuto quello (ciò) che avevamo in mente *wir haben das erreicht, was wir wollten*, tutto ciò che ha detto era falso *alles, was er gesagt hat, war erlogen.*

6. Die Fragefürwörter

Nom.	**chi?**	*wer?*	**che (cosa)?**	*was?*
Gen.	**di chi?**	*wessen?*	**di che (cosa)?**	*wovon?*
Dat.	**a chi?**	*wem?*	**a che (cosa)?**	*wozu?*
Akk.	**chi?**	*wen?*	**che (cosa)?**	*was?*

Bemerkungen:

1. Das Fragefürwort **chi** ist unveränderlich, bezieht sich auf Personen und wird nur im Singular gebraucht: chi è venuto? *wer ist gekommen?*, chi hai visto? *wen hast du gesehen?*

Die deutsche Wendung *wem gehört?* wird mit **di chi è?** wiedergegeben: di chi è questo libro? — È mio *wem gehört dieses Buch? — Mir.*

2. Das Fragefürwort **che cosa** bzw. einfach **che** bezieht sich auf Sachen: che cosa è successo? *was ist passiert?*, che desìdera? *was wünschen Sie?*

Das Fragefürwort che vor einem Substantiv entspricht der deutschen Wendung *was für ein*: che libro Le occorre? *was für ein Buch brauchen Sie?*

	Singular		Plural	
Nom.	**quale?**	*welche(r, s)?*	**quali?**	*welche?*
Gen.	**di quale?**	*welches?, welcher?*	**di quali?**	*welcher?*
Dat.	**a quale?**	*welchem?, welcher?*	**a quali?**	*welchen?*
Akk.	**quale?**	*welche(n, s)?*	**quali?**	*welche?*

Bemerkungen:

1. Das Fragefürwort quale, *Plural* quali ist mit oder ohne Substantiv anwendbar. Es fragt nach Personen oder Sachen aus einer bestimmten Anzahl: quale è il libro che preferisce? *welches Buch ziehen Sie vor?*, quale è il Suo ombrello? *welches ist Ihr Schirm?*

2. Vor männlichen Substantiven, die nicht mit s + Konsonant oder z beginnen, wird quale zu qual verkürzt: qual libro è il più bello? *welches Buch ist das schönste?*

52

7. Die hinweisenden Fürwörter

a) *adjektivisch*

questo libro *dies Buch hier* questa casa questi libri queste case	**codesto** libro *dies Buch da* codesta casa codesti libri codeste case
quel libro *jenes Buch* quello scolaro quell'àlbero quella casa quell'ora	**quei** libri *jene Bücher* quegli scolari quegli àlberi quelle case quelle ore

Bemerkungen:

1. Das Fürwort **questo, -a, -i, -e** wird gebraucht, um einen Gegenstand in der Nähe des *Sprechenden* zu bezeichnen: questo quadro ci piace *dieses Bild (hier) gefällt uns.*

Das Fürwort **codesto, -a, -i, -e** wird gebraucht, um einen Gegenstand in der Nähe des *Angesprochenen* zu bezeichnen: per favore, mi dia codesto coltello *bitte geben Sie mir dies Messer (da).*

2. Das Fürwort **quello, -a, -i, -e*** wird vor einem Substantiv oder Adjektiv genauso verändert wie der bestimmte Artikel:

il libro	**quel** libro
lo scolaro	**quello** scolaro
l'àlbero	**quell'**àlbero
la casa	quella casa
l'ora	**quell'**ora
i libri	**quei** libri
gli scolari	**quegli** scolari
gli àlberi	**quegli** àlberi
le case	quelle case
le ore	quelle ore

Das Fürwort **quello** wird gebraucht, um einen Gegenstand zu bezeichnen, der sich weder beim Sprechenden noch beim Angesprochenen, sondern bei einer *dritten Person* befindet. Es wird auch (in den vollen Formen!) verwendet, um die Wiederholung eines vorhergehenden Substantivs zu vermeiden: i miei libri e quelli di mio fratello *meine Bücher und jene meines Bruders.*

b) *substantivisch*

costui *dieser da, der da* **costei** *diese da* **costoro** (*pl.*) *diese da*	**colui** *jener da* **colei** *jene da* **coloro** (*pl.*) *jene da*

---

* Das gleiche gilt für das Adjektiv **bello, -a, -i, -e** *schön:* un bel libro, un bello stadio *ein schönes Stadion,* un bell'àlbero; bei libri, begli stadi, begli àlberi.

Diese nur substantivisch, d. h. ohne nachfolgendes Substantiv gebrauchten Fürwörter werden nur in bezug auf Personen verwendet: costui dice di aver pagato il conto *der da behauptet, die Rechnung bezahlt zu haben.*

Die in bezug auf männliche Personen gebrauchten Fürwörter **questi** und **quegli** werden alleinstehend im Nominativ Singular in der Bedeutung *dieser* bzw. *jener* verwendet: questi è arrivato, quegli è partito *dieser ist ange-kommen, jener ist abgefahren.*

Das hinweisende Fürwort **ciò** hat ausschließlich neutrale Bedeutung (= questa bzw. quella cosa): ritengo che ciò sia ùtile *ich nehme an, daß das nützlich ist.*

8. Die unbestimmten Fürwörter

Ihrer Verwendung nach zu unterscheiden sind:

1. nur **adjektivisch gebrauchte** (d. h. nur in Verbindung mit einem Substan-tiv vorkommende) unbestimmte Fürwörter. Die wichtigsten sind:

altrettanto* *ebensoviel:* lei ha ricevuto altrettante lèttere come lui *sie hat ebenso viele Briefe erhalten wie er*

certo *ein gewisser:* abbiamo potuto distìnguerlo ad una certa distanza *in einer gewissen Entfernung konnten wir ihn erkennen*

differente, diverso *verschieden:* fùrono praticati differenti (diversi) mètodi terapèutici *es wurden verschiedene Heilverfahren angewendet*

ogni *jeder* (unveränderlich, nur im Singular vorkommend): ogni uomo *jeder Mann*, ogni donna *jede Frau*

qualche *irgendein, einige* (unveränderlich, nur im Singular vorkommend): qualche libro *irgendein Buch, einige Bücher*, qualche settimana *einige Wochen*

qualsìasi *jeder beliebige, irgendein* (unveränderlich, meist nachgestellt): una ditta qualsìasi *jede beliebige Firma*, delle ditte qualsìasi *irgendwelche Firmen*

qualunque *jeder, welcher auch immer* (unveränderlich, nur im Singular vor-kommend): qualunque persona *jede Person*, qualunque turista *welcher Tourist auch immer*

tanto* *so viel, sehr viel:* tanti uòmini *so viele Menschen*

2. nur **substantivisch gebrauchte** (d. h. nur alleinstehend vorkommende) unbestimmte Fürwörter. Die wichtigsten sind:

altri ... altri *die einen ... die anderen* (Verben im Singular!): altri è buono, altri è cattivo *die einen sind gut, die anderen böse*; in Verbindung mit *noi* bzw. *voi* (Verben im Plural!) zur Hervorhebung des Gegensatzes zweier Handlungen: voi altri potete andarci, noi altri non ci andiamo *ihr könnt hingehen, wir gehen nicht hin*

---

* Altrettanto und tanto werden auch adverbial gebraucht: io farò altrettanto *ich werde das gleiche tun,* lo desìdera tanto *er wünscht es so sehr.*

altrui *von anderen, anderer* (unveränderlich): non si òccupi delle faccende altrui *kümmern Sie sich nicht um die Angelegenheiten anderer*

certuno, taluno *jemand*; **certuni, taluni** *manche* (meist im Plural gebraucht): certuni (taluni) sono simpàtici, altri no *manche sind sympathisch, andere nicht*

chiunque *wer immer auch* (unveränderlich, nur im Singular vorkommend): chiunque venga *wer immer auch kommen mag*

niente, nulla *nichts* (treten sie *hinter* das Verb, so muß non vor das Verb gesetzt werden; stehen sie dagegen *vor* dem Verb, dann entfällt non): non è successo niente (nulla) *od.* niente (nulla) è successo *es ist nichts vorgefallen*

ognuno *jeder* (unveränderlich, nur im Singular vorkommend): ognuno lo sa *jeder weiß es*

qualche cosa, qualcosa *etwas:* abbiamo trovato qualche cosa (qualcosa) *wir haben etwas gefunden*

qualcheduno, qualcuno *irgend jemand* (nur im Singular vorkommend): è venuto qualcuno? *ist jemand gekommen?*

uno *einer, jemand:* è venuto uno *es ist einer (jemand) gekommen*

3. **Adjektivisch und substantivisch** gebrauchte unbestimmte Fürwörter. Die wichtigsten sind:

altro *anderer:* altri paesi *andere Länder*; altri affèrmano che ... *andere behaupten, daß ...*

alcuno *irgendein, irgend jemand*; alcuni *einige* (*meist im Plural gebraucht*): alcune donne *einige Damen*; ne ho visto alcune *ich habe einige* (*davon*) *gesehen*

ambedue *beide:* ambedue i fratelli *beide Brüder*; ambedue dichiàrano lo stesso *beide erklären dasselbe*

ciascheduno, ciascuno *jeder* (nur im Singular vorkommend): ciascun corso *jeder Lehrgang*, ciascuno scolaro *jeder Schüler*; ciascuno ha questa possibilità *jeder hat diese Möglichkeit*

medésimo, stesso *selber:* la stessa cosa *dieselbe Sache*; hanno affermàto lo stesso *sie haben dasselbe behauptet*

molto *viel:* molta gente *viele Leute*; ho imparato molto *ich habe viel gelernt*

nessuno *kein(er)* (nur im Singular vorkommend; tritt es *hinter* das Verb, so muß non vor das Verb gesetzt werden; steht es dagegen *vor* dem Verb, dann entfällt non): nessun corso *kein Lehrgang*, nessuno scolaro *kein Schüler*; non è venuto nessuno *od.* nessuno è venuto *keiner ist gekommen*

parecchi *mehrere:* parecchie persone *mehrere Personen*; parecchi sono stati feriti *mehrere sind verletzt worden*

poco *wenig:* pochi uòmini *wenige Menschen*; ho imparato poco *ich habe wenig gelernt*

tale *solch* (nur im Singular vorkommend): un tal uomo *ein solcher Mensch,*
una tale risposta *eine solche Antwort*; un tale *ein gewisser Herr*

troppo *zuviel:* troppa gente *zu viele Leute*; abbiamo speso troppo *wir haben
zuviel ausgegeben*

tutto *ganz, alles* (adjektivisch mit nachgestelltem Artikel): tutta la casa
das ganze Haus, tutte le case *alle Häuser*; ho pagato tutto *ich habe alles
bezahlt*

VII. Das Zahlwort

1. Die Grundzahlen

0	zero	38	trentotto
1	uno	39	trentanove
2	due	40	quaranta
3	tre	41	quarantuno
4	quattro	48	quarantotto
5	cinque	50	cinquanta
6	sei	60	sessanta
7	sette	70	settanta
8	otto	80	ottanta
9	nove	90	novanta
10	dieci	100	cento
11	ùndici	101	centouno
12	dódici	102	centodue
13	trédici	108	centootto
14	quattòrdici	109	centonove
15	quìndici	110	centodieci
16	sédici	200	duecento
17	diciassette	300	trecento
18	diciotto	400	quattrocento
19	diciannove	500	cinquecento
20	venti	600	seicento
21	ventuno	700	settecento
22	ventidue	800	ottocento
23	ventitré	900	novecento
24	ventiquattro	1 000	mille
28	ventotto	1 001	milleuno
29	ventinove	2 000	duemila
30	trenta	100 000	centomila
31	trentuno	1 000 000	un milione
		2 000 000	due milioni

Bemerkungen:

1. In den Zahlen 21, 28; 31, 38; 41, 48 usw. fällt der Endvokal von venti,
trenta, quaranta usw. vor uno und otto aus: ventuno, ventotto; trentuno,
trentotto; quarantuno, quarantotto. In den Zahlen 101, 108; 201, 208 usw.
bleibt der Endvokal von cento dagegen erhalten: centouno, centootto;
duecentouno, duecentootto. Ebenso bei mille: milleuno, milleotto.

Folgt auf eine auf uno endende Zahl ein Substantiv, so fällt das auslautende -o von uno weg: ventun libri *21 Bücher*, cinquantun quaderni *51 Hefte*.

2. Während die Zahl **cento** unverändert bleibt (duecento, trecento usw.), wird von **mille** ab 2000 die Form **mila** gebildet: 2500 duemila cinquecento.

3. Im Gegensatz zu mille (mille turisti, duemila turisti) ist **milione** Substantiv (il milione, un milione) und verlangt zwischen sich und dem darauffolgenden Substantiv die Präposition **di**: un milione di turisti, due milioni di turisti.

4. Bei Angabe der **Jahreszahl** darf mille nicht fehlen: nell'anno *oder* nel mille novecento sessantasette *im Jahre 1967*.

5. Bei Angabe des **Alters** ist avere zu verwenden: quanti anni ha? *wie alt sind Sie?* Ho quarantacinque anni *ich bin 45 Jahre alt*.

6. **Maßangaben** werden wie folgt ausgedrückt: il monte è alto tremila metri *der Berg ist 3000 m hoch*; il lago è largo ottocento metri *der See ist 800 m breit*; il fiume è lungo duecento chilòmetri *der Fluß ist 200 km lang*; l'acqua è profonda venti metri *das Wasser ist 20 m tief*; la città è seicento metri sul livello del mare *die Stadt liegt 600 m über dem Meeresspiegel*.

7. **Zeitangaben** werden wie folgt ausgedrückt: è l'una *es ist 1 Uhr*, sono le due *es ist 2 Uhr*, sono le due e dieci *es ist 10 Minuten nach 2*, sono le due e un quarto *es ist Viertel nach 2*, sono le due e venti *es ist 20 Minuten nach zwei*, sono le due e mezzo *es ist halb drei*, sono le due e quaranta *es ist 20 Minuten vor drei*, sono le due e tre quarti *oder* sono le tre meno un quarto *es ist Viertel vor 3*, sono le due e cinquanta *oder* sono le tre meno dieci *es ist 10 Minuten vor 3*, sono le tre in punto *es ist Punkt 3 Uhr*.

2. Die Ordnungszahlen

1°	primo	23°	ventèsimo terzo
2°	secondo	24°	ventèsimo quarto
3°	terzo	25°	ventèsimo quinto
4°	quarto	30°	trentèsimo
5°	quinto	31°	trentèsimo primo
6°	sesto	40°	quarantèsimo
7°	sèttimo	50°	cinquantèsimo
8°	ottavo	60°	sessantèsimo
9°	nono	70°	settantèsimo
10°	dècimo	80°	ottantèsimo
11°	undicèsimo, dècimo primo	90°	novantèsimo
12°	dodicèsimo, dècimo secondo	100°	centèsimo
13°	tredicèsimo, dècimo terzo	101°	centèsimo primo
14°	quattordicèsimo, dècimo quarto	102°	centèsimo secondo
15°	quindicèsimo, dècimo quinto	200°	ducentèsimo
20°	ventèsimo	300°	trecentèsimo
21°	ventunèsimo, ventèsimo primo	400°	quattrocentèsimo
22°	ventiduèsimo, ventèsimo secondo	500°	cinquecentèsimo

600°	secentèsimo	1 001°	millèsimo primo
700°	settecentèsimo	2 000°	duemillèsimo
800°	ottocentèsimo	3 000°	tremillèsimo
900°	novecentèsimo	100 000°	centomillèsimo
1 000°	millèsimo	1 000 000°	millionèsimo

Bemerkungen:

1. Die Ordnungszahlen haben auch eine weibliche Form (la prima, la seconda, la terza usw.), die als Ziffer 1ª, 2ª, 3ª usw. geschrieben wird.

2. Von elf ab werden die Ordnungszahlen durch Anhängen der Endung -èsimo an die betreffende Grundzahl gebildet, deren unbetonter auslautender Vokal dabei wegfällt: ùndici — undicèsimo, dódici — dodicèsimo usw. Es können aber auch Zehner und Einer, beide in der Form der Ordnungszahl, nebeneinandergesetzt werden. Statt l'undicèsimo kann man also auch il dècimo primo, statt il dodicèsimo auch il dècimo secondo usw. sagen.

3. Die Ordnungszahlen stimmen mit dem betreffenden Substantiv in Geschlecht und Zahl überein: il primo giorno *der erste Tag* — i primi giorni, la seconda votazione *der zweite Wahlgang* — le seconde votazioni.

4. Bei der Angabe des **Datums** gebraucht man nur beim Ersten eines Monats die Ordnungszahl (il primo maggio *der erste Mai*), vom Zweiten ab dagegen die Grundzahl: il due maggio, il tre giugno *der dritte Juni*, il trentun luglio *der 31. Juli*.

5. Bei **Brüchen** wird der Zähler durch die Grundzahl, der Nenner durch die Ordnungszahl wiedergegeben: $1/_3$ un terzo, $1/_4$ un quarto, $2/_3$ due terzi, $3/_4$ tre quarti.
Merke besonders: $1/2$ un mezzo.
Bei Maßangaben tritt die Bruchzahl hinter das Bestimmungswort: un litro e un quarto di vino *1$1/_4$ Liter Wein*, due chili e mezzo di frutta *2$1/_2$ Kilo Obst*, sei chili e tre quarti di pomodori *6$3/_4$ Kilo Tomaten*.

6. Zur Unterscheidung von **Regenten gleichen Namens** werden die Ordnungszahlen **ohne** Artikel gebraucht: Carlo Quinto *Karl V*. In diesem Fall wie auch bei der Angabe der Jahrhunderte (il sècolo dècimo sesto *das 16. Jahrhundert*) werden die zusammengesetzten Ordnungszahlen denen auf -èsimo vorgezogen. Statt Luigi Quattordicèsimo *Ludwig XIV*. sagt man besser Luigi Dècimo Quarto.

Wenn man von italienischer Literatur oder Kunst spricht, sagt man auch statt

il sècolo dècimo terzo (= *13. Jh.*): il **Duecento** (1200—1299),
il sècolo dècimo sesto (= *16. Jh.*): il **Cinquecento** (1500—1599)
usw.

VIII. Wortstellung

Die im Italienischen übliche Wortfolge ist:

Subjekt — Prädikat — Objekt(e)
La signora compra la casa
Die Dame kauft das Haus

Diese Wortfolge wird auch dann eingehalten, wenn der Satz durch eine Umstandsbestimmung eingeleitet wird: oggi la signora compra la casa *heute kauft die Dame das Haus* (in diesen Fällen verlangt das Deutsche die Inversion).

Soll das Objekt besonders hervorgehoben werden, so tritt es an den Satzanfang und wird beim Verb durch das entsprechende persönliche Fürwort wiederholt: il giorno preciso non lo sappiamo *den genauen Tag wissen wir nicht* (wörtlich: *den genauen Tag, wir wissen ihn nicht*).

Bei den zusammengesetzten Zeiten ist darauf zu achten, daß Hilfsverb und Partizip im Italienischen nicht getrennt werden dürfen: ha comprato la casa *sie hat das Haus gekauft* (in diesen Fällen tritt im Deutschen das Objekt zwischen Hilfsverb und Partizip).

Die Verneinungspartikel **non** *nicht* steht immer **vor** dem Verb, in zusammengesetzten Zeiten vor dem Hilfsverb: non compra la casa *sie kauft das Haus nicht*, non ha comprato la casa *sie hat das Haus nicht gekauft*.

Im **Fragesatz** tritt gewöhnlich das Prädikat vor das Subjekt: è arrivato il signore? *ist der Herr angekommen?* Es kann jedoch auch die Wortstellung des Aussagesatzes beibehalten werden, wobei die Intonation erkennen läßt, daß es sich um eine Frage handelt: il signore è arrivato? *der Herr ist angekommen?*

IX. Präpositionen

a

räumlich: io sono a Nàpoli *ich bin in Neapel*, io vado a Nàpoli *ich fahre nach Neapel*; io sono a casa *ich bin zu Hause*, io vado a casa *ich fahre nach Hause*; io sono al mercato *ich bin auf dem Markt*, io vado al mercato *ich fahre zum Markt*.

Das gleiche gilt für die Begriffe: all'aeroporto (*Flughafen*), all'ospedale (*Krankenhaus*), alla posta (*Post*), a scuola (*Schule*), all'Università (*Universität*), al Politècnico (*Technische Hochschule*), al caffè (*Café*), al ristorante (*Restaurant*), al concerto (*Konzert*), a teatro (*Theater*), al cine (*Kino*), alla spiaggia (*Strand*), al mare (*Meer*).

Angabe der Entfernung: a pochi metri *wenige Meter entfernt*, a dieci chilòmetri *10 km entfernt*.

zeitlich: alle due *um 2 Uhr*, a mezzanotte *um Mitternacht*.

Angabe des Alters: a sédici anni *mit 16 Jahren*.

Art und Weise: a piedi *zu Fuß*, a piedi nudi *barfuß*, a cavallo *zu Pferd*, al sole *in der Sonne*, al buio *im Dunkeln*, a bocca aperta *mit offenem Mund*, a braccia aperte *mit offenen Armen*, sognare a occhi aperti *mit offenen Augen träumen*, a occhi chiusi *mit geschlossenen Augen,* a testa alta *mit erhobenem Kopf,* a capo chino *mit gesenktem Kopf,* a memoria *auswendig,* a orecchio *nach dem Gehör,* a destra *rechts,* a sinistra *links.*

Angabe des Gewichts (*in Verbindung mit einer Preisangabe*): due marchi al chilo *2 Mark das Kilo,* quattrocento Lire all'etto *100 g zu 400 Lire.*

con

zeitlich: con (*oder* a partire da) ottobre *ab Oktober,* con il primo freddo *bei der ersten Kälte,* con il primo buio *bei beginnender Dämmerung.*

Art und Weise: con il viso lungo *mit langem Gesicht,* con la barba lunga *mit langem Bart,* con il cappello in testa *mit dem Hut auf dem Kopf,* scarpe con il tacco a spillo *Schuhe mit Bleistiftabsätzen.*

Mittel und Werkzeug: scrìvere con una penna *mit einer Feder schreiben,* uccìdere con un pugnale *mit einem Dolch töten,* fare una torta con burro, farina, zùcchero e uova *eine Torte mit Butter, Mehl, Zucker und Eiern backen.*

Bezeichnung der Begleitung bzw. des begleitenden Umstandes: con Gianni *mit Hans,* con mia sorella *mit meiner Schwester,* con amici *mit Freunden;* non esco con la pioggia *bei dem Regen gehe ich nicht aus.*

Bezeichnung der Fortbewegung: andiamo all'ufficio con il motoscooter *wir fahren mit dem Motorroller ins Büro,* parto con il treno delle 19 *ich fahre mit dem Zug um 19 Uhr,* partirò domattina con un aeroplano dell'Alitalia *ich fliege morgen früh mit einem Flugzeug der Alitalia.*

da

räumlich: vengo dall'Italia (dalla Toscana, da Roma) *ich komme aus Italien (aus der Toskana, aus Rom),* io vado dal mèdico *ich gehe zum Arzt,* io sono dall'avvocato *ich bin beim Anwalt,* io vengo da lui *ich komme von ihm.*

zeitlich: da ieri *seit gestern,* dalle otto *seit 8 Uhr,* da tre o quattro giorni *seit 3 oder 4 Tagen.*

Bezeichnung des Urhebers beim Passiv: la casa fu comprata da una ditta italiana *das Haus wurde von einer italienischen Firma gekauft.*

Bezeichnung einer Eigenschaft: una signora dal vestito blu *eine Dame in Blau,* un ragazzo dagli occhi azzurri *ein Junge mit blauen Augen,* una ragazza da marito *ein heiratsfähiges Mädchen.*

Bezeichnung des Ursache: dalla gioia *vor Freude,* dall'emozione *vor Erregung,* dalla fame *vor Hunger,* dalla sete *vor Durst.*

Bezeichnung des Zweckes in zusammengesetzten Substantiven: una càmera da pranzo *ein Speisezimmer,* una màcchina da scrìvere *eine Schreibmaschine,* un cane da caccia *ein Jagdhund.*

Bezeichnung des Zwanges bzw. der Notwendigkeit in Verbindung mit avere: abbiamo molto da fare *wir haben viel zu tun.*

di

zeitlich: di mattina *morgens,* di sera *abends,* di notte *nachts.*

Bezeichnung des Eigentums: questo libro è di mia sorella *dieses Buch gehört meiner Schwester.*

Bezeichnung der Herkunft: la signora è di Torino *die Dame ist aus Turin gebürtig.*

Bezeichnung des Alters: un àlbero di cento anni *ein hundertjähriger Baum.*

Bezeichnung des Stoffes: una scala di marmo *eine Treppe aus Marmor,* un anello di oro *ein goldener Ring,* un vestito di seta *ein Seidenkleid.*

Bildung zusammengesetzter Substantive: il padrone di casa *der Hausherr*, mal di fégato *Leberleiden*, mal di denti *Zahnschmerz*.

fra (tra)

räumlich: fra il giardino e la casa *zwischen dem Garten und dem Haus*, fra i fiori *zwischen den Blumen*.

zeitlich: fra due giorni *innerhalb von 2 Tagen*, fra le due e le tre *zwischen 2 und 3 Uhr*.

Bezeichnung der Gegenseitigkeit: sia detto fra (di) noi *unter uns gesagt*, fra (di) loro due non c'è differenza *zwischen ihnen beiden gibt es keinen Unterschied*.

in

räumlich: io vado in Italia *ich fahre nach Italien*, lei è stata in Europa *sie ist in Europa gewesen*; in chiesa *in der Kirche*, in città *in der Stadt*, in campagna *auf dem Lande*, in montagna *im Gebirge*, in strada *auf der Straße*, in mezzo *in der Mitte*.

zeitlich: in autunno *im Herbst*, in tre minuti *in 3 Minuten*.

Bezeichnung der Art der Fortbewegung: andare in treno *mit dem Zug fahren*, in bici(cletta) *mit dem Fahrrad*, in moto(cicletta) *mit dem Motorrad*, in auto(mòbile) *mit dem Auto*, in aeroplano *mit dem Flugzeug*, in piròscafo *mit dem Schiff*, in àutobus *mit dem Bus*, in tram *mit der Straßenbahn*, in metropolitana *mit der U-Bahn*. Tritt jedoch eine nähere Bestimmung hinzu, so wird con gebraucht: sono andato col treno della mattina (con l'auto di Umberto) *ich bin mit dem Frühzug (mit Umbertos Wagen) gefahren*.

Bezeichnung einer Eigenschaft bzw. eines Umstandes: in borghese *in Zivil*, in divisa *in Uniform*, in punta di piedi *auf Zehenspitzen*, in braccio *auf dem Arm*, in ginocchio *auf Knien*, in circolo *im Kreis*, in pigiama *im Schlafanzug*, in màniche di camicia *in Hemdsärmeln*, in fretta *in Eile*, in gamba *tüchtig*, (familiär) *auf Draht*.

per

räumlich: io passo per Roma *ich fahre über Rom*, passeggiamo per Pisa *wir machen einen Spaziergang durch Pisa*, il treno per Milano *der Zug nach Mailand*, per via *unterwegs*; il bambino è caduto per terra *das Kind ist auf die Erde gefallen*.

zeitlich: per parecchi minuti *mehrere Minuten lang*, per cinque anni *5 Jahre lang*, ha nevicato per due ore *es hat 2 Stunden lang geschneit*.

Art und Weise: per lèttera *brieflich*, per telèfono *telephonisch*, per telegramma *telegraphisch*, per posta aèrea *mit Luftpost*.

Bezeichnung des Grundes: per qual motivo? *aus welchem Grund?*, non esco per il divieto *wegen des Verbots gehe ich nicht aus*, fu condannato per furto *er wurde wegen Diebstahls verurteilt*, fu assolto per non aver commesso il fatto (per insufficienza di prove) *er wurde wegen erwiesener Unschuld (aus Mangel an Beweisen) freigesprochen*.

Bezeichnung des Zweckes in zusammengesetzten Substantiven: una màcchina per (auch da) cucire *eine Nähmaschine*, una màcchina per fototipìa *eine Lichtdruckmaschine*, una màcchina per imbottigliare *eine Flaschenfüllmaschine*.

Bezeichnung des Maßes und des Preises: la strada è brutta per due chilòmetri *die Straße ist auf 2 Kilometer in schlechtem Zustand*; il terreno è valutato per 3 milioni *das Grundstück wird auf 3 Millionen geschätzt*, lo ha comprato per pochi soldi *er hat es für wenig Geld gekauft*.

Bezeichnung der unmittelbar bevorstehenden Handlung in Verbindung mit stare: sto per uscire *ich bin im Begriff fortzugehen*.

su

räumlich: il libro è sul tàvolo *das Buch liegt auf dem Tisch*, io metto il libro sul tàvolo *ich lege das Buch auf den Tisch*, la càmera dà sul giardino *das Zimmer geht auf den Garten hinaus*; èssere sulla bocca di tutti *in aller Munde sein*, contare sulle dita *an den Fingern abzählen*.

zeitlich: sul mattino *im Morgengrauen*, sull'imbrunire *bei einbrechender Dämmerung*, sul tardi *spät am Abend*.

Art und Weise: stare sulla difesa *in Abwehrstellung sein*, sulla mia parola *auf mein Ehrenwort*, prèndere sulla parola *beim Wort nehmen*.

Bezeichnung des Alters: un ragazzo sui cinque anni *ein etwa 5 Jahre alter Junge*.

Bezeichnung des Preises: costa sulle tremila Lire *es kostet etwa 3000 Lire*.

Bezeichnung eines Themas: una conferenza sulla pittura italiana *ein Vortrag über die italienische Malerei*, un trattato sulla fìsica nucleare *eine Abhandlung über die Atomphysik*.

X. Konjunktionen

A. Gleichordnende Konjunktionen

verbinden **bejahende** und **verneinende Sätze** (e, ed *und*; anche, altresì *auch*; inoltre, per di più *außerdem*; pure *doch, auch*; neanche, neppure *auch nicht*);

drücken zwei oder mehr **Möglichkeiten** aus (o, od *oder*; ovvero *oder, oder auch*; oppure, ossìa *oder auch*);

drücken einen **Gegensatz** aus (ma, però *aber*; tuttavìa *trotzdem, jedoch*; anzi *dagegen, vielmehr*; eppure *dennoch*; nondimeno *nichtsdestoweniger*);

drücken eine **Folge** aus (dunque *also*; quindi *folglich, daher*; perciò *deshalb*);

drücken einen in **wechselseitiger Beziehung** stehenden Begriff aus (e ... e *sowohl ... als auch*; [non ...] né ... né *weder ... noch*; così ... come, tanto ... quanto *ebenso ... wie*; o ... o *entweder ... oder*; sia ... sia *sei es ... sei es*; non solo ... ma anche *nicht nur ... sondern auch*);

leiten eine **Erklärung** ein (cioè, vale a dire *das heißt*; infatti, invero *in der Tat*).

B. Unterordnende Konjunktionen

drücken einen **Zeitbegriff** aus (quando, allorché *als*; appena che, tostoché *sobald als*; fino a che *solange als*; mentre *während*; dopo che *nachdem*; prima che [mit Konjunktiv] *bevor*; finché [mit Konjunktiv] *bis, solange wie*);

geben einen **Grund** an (perché *weil*; giacché, poiché, siccome *da, weil*; visto che, dal momento che *da ja*);

drücken einen **Zweck** aus (affinché, acciocché, perché [alle mit Konjunktiv] *damit*);

drücken eine **Bedingung** aus (se *wenn, ob*; nel caso che *falls*; a condizione che *unter der Bedingung, daß*; a meno che *außer wenn*; supposto che *vorausgesetzt, daß* [alle mit Konjunktiv]);

drücken eine **Einräumung** aus (benché, sebbene [beide mit Konjunktiv] *obwohl*);

drücken einen **Vergleich** aus (come se [mit Konjunktiv] *als ob*);

bezeichnen eine **Folge** (cosicché, di modo che *so daß*).

Die reine grammatische Abhängigkeit wird durch die Konjunktion **che** *daß* bezeichnet.

Sachregister

(Die Zahlen beziehen sich auf die Seiten.)